KB190761

예수 영성 시리즈 2

주기도문의 영성

류기종 지음

kmc

주기도문, 가장 완전한 기도

내가 주기도문에 특별한 관심을 갖게 된 것은 두 가지 이유에서다. 첫째는 오늘날 많은 그리스도인들이 주기도문의 중요성을 바로 인식하지 못하고 거의 대부분의 사람들이 그저 형식적으로 읊기 때문이다. 둘째는 고대의 교부들이나 위대한 영성가들이 기도의 중요성을 말하고, 이와 함께 주기도문에 관한 글을 씀으로써 주기도문의 중요성을 보여주었기 때문이다.

솔직히 고백하자면 「주기도문의 영성」을 쓰게 된 것은 나 자신이 주기도문의 기도를 드릴 때마다 주기도문의 내용들이 어떤 주문이나 글귀를 외우듯이 그렇게 빨리 별다른 생각 없이 아무렇게나 드릴 수 있는 기도가 아님을 거듭 느꼈기 때문이다.

주기도문 안에는 다음의 일곱 개의 간구들(청원들, petitions)이 들어 있다. (1)하나님의 이름을 빛내는 일 곧 만유의 창조주 하나님께 영광을 돌리는 일, (2)하나님의 나라의 도래, (3)하나님의 뜻의 실현, (4)일용할 양식, (5)나와 우리(교회와 사회와 인류)의 과오와 죄의 용서, (6)우리가 매일 매순간 당하는 시험의 극복, 그리고 (7)악한 세력으로부터의 구원 등이다. 어찌 이러한 내용들이 그저 우리의 입에서 아무 생각 없이 암송되고 말 수 있는 기도이겠는가?

우리가 복음서를 통해서 알 수 있는 대로, 예수님은 철저한 기도의 사람이셨으며 이 세상 누구도 따라올 수 없을 만큼 모범적인 기도의 삶을 사신 분이시다. 그런 점에서 주기도문은 그의 깊은 기도생활의 결과로 나온 하나의 '모범 기도문'(exemplary prayer)이라고 말할 수 있다. 따라서 우리는 주기도문을 통해서 예수님의 기도생활의 참 면모, 즉 예수님이 주로 어떤 내용으로 기도하셨는지를 짐작할 수 있다. 다시 말하면 이 주기도문은 예수님의 '기도 영성'(prayer spirituality)의 높은 차원을 드러낸다. 따라서 우리는 주기도문을 통해서 예수님의 영성의 깊은 한 면을 엿볼 수 있다.

한편 주기도문은 예수님의 '기도 관점'(view of prayers), 즉 그의 '기도 신학'(철학)을 보여주는 내용이기도 하다. 주기도문은 예수님이 제자들에게 기도에 관한 교훈을 주실 때, 즉 기도에 관한 교훈의 일환으로 주신 것이기 때문이다. 또한 어떻게 기도하는 것이 바른 기도인지 가르쳐달라는 제자들의 요구에 대한 응답으로 "너희는 이렇게 기도하라"란 말씀과 함께 이 주기도문을 주셨기 때문이다(눅 11:1, 마 6:5~8). 그런 점에서 주기도문은 예수님의 '기도 교본'이며, '기도 안내서' 혹은 '기도 지침서'(Prayer Textbook or Guidebook)라고도 말할 수 있다.

한국교회는 열심히 기도하고 많이 기도하는 교회였다. 한국교회가 이룩한 부흥과 성장의 원동력도 기도의 힘이었다. 그러면 오늘날 우리 한국교회/개신교의 침체의 원인은 무엇일까? 기도가 중지된 것 때문일까? 그렇지 않다고 생각한다. 그것은 기도의 열정이 식고 기도의 빈도나 양이 감소하고 중지되었기 때문이 아니라, 바로 기도의 본질(영성)을 상실한 때문이라고 사료된다. 즉 기도를 어떻게 해야 할지,

어떤 기도가 하나님이 기뻐하시는 기도인지, 즉 어떤 '내용'으로 기도해야 하는지를 간과했기 때문으로 사료된다. 즉 이 말은 기도는 횟수나 양보다 그 내용(콘텐츠)이 더 중요하다는 말이기도 하다.

다시 말하면 오늘날 한국교회 침체의 한 중요한 원인은 기도가 지나치게 형식적으로 흐르거나 이기적(기복적)으로 흘렀기 때문이라고 볼 수 있다. 그 한 예로서 「야베스의 기도」라는 책이 한국에서 번역 출간되었을 때, 그 책이 불과 수 년 안에 수 십 만부가 팔린 것을 보아서도 짐작할 수 있다. 역대상 4장에 나오는 야베스의 기도의 내용을 보면 다분히 이 세상적인 축복 즉 기복적인 성격을 풍기고 있음을 알 수 있다: "야베스가 이스라엘의 하나님께 이르되, 주께서 내게 복을 주시려거든 나의 지경(땅)을 넓혀 주시시고 주의 손으로 나를 도우사 나로 환란을 벗어나게 하시고 내게 근심도 없게 하옵소서."(대상 4:9,10)

사실 주기도문은 야베스의 기도와는 전혀 성격이 다르며 차원이 전혀 다르다. 예수님이 제자들(우리)에게 이렇게 기도하라고 가르쳐 주신 이 주기도문은 우리 그리스도인의 바른 기도의 내용과 기도의 방향을 제시하고 있다. 예수님이 이 주기도문을 통해서, 하나님께서 어떤 기도를 가장 기뻐하시며 하나님의 백성인 우리 성도들은 어떤 내용의 기도를 해야 하는지를 보여주셨기 때문이다.

이 책을 집필하면서, 주기도문은 바로 예수님 자신이 행하신 기도의 내용으로서, 가장 간결하면서도 가장 의미심장한 기도, 가장 포괄적이고 가장 보편적이면서도 또한 가장 구체적인 기도, 그리고 우리 그리스도인들이 매일 매일의 기도 속에 포함되어야 할 내용들임을 깨달았다. 그런 점에서 주기도문은 모든 기도 중에서 가장 완전한 형태의 기도다. 따라서 우리 그리스도인들은 이 주기도문이 지닌 영성적 의미들을 깊이 음미함으로써, 우리의 일상의 기도생활에 잘 반영해야 하리라고 생각한다.

기도는 그 사람의 영성의 깊이를 나타내는 것이다. 우리의 기도의 내용들이 어떠냐에 따라서 우리의 신앙/영성의 깊이가 드러난다는 말이다. 한국교회의 새로운 부흥과 갱신 및 영적 성숙과 성장은 우리 그리스도인들의 기도의 혁신 즉 기도의 내용의 혁신을 통해서 이루어질 것임을 기대해 본다. 아무쪼록 이 책이 거기에 조금이나마 기여할 수 있기를 바라마지 않는다. 아울러서 이 책의 출판을 위해 수고해 주신 도서출판kmc(감리회 본부 출판국) 총무님과 편집실 여러분께 감사드리는 바이다.

2008년 9월
지은이 **류기종**

차례

1장

예수의 영성과 기도

예수님은 분명히 행동하는 영성가인 동시에 사색적이며 명상적인 관상적 영성가라
고도 할 수 있다. 한편으로는 각계각층의 사람들이 어울려 사는 세상 한복판에서
그들에게 천국 실현의 복음을 들려주고 그들을 치유하고 섬기며 사셨으면서도, 다
른 한편으로는 자주 사람들을 피해 산이나 광야에 혼자 머물며 영적인 사색과 묵상
과 기도에 진력하셨기 때문이다.

리처드 포스터는 그의 책 「기도」의 서두에서 이런 말을 한다. "우리는 오늘날 기도하고 싶은 마음은 간절하면서도 기도를 회피한다. 기도에 매력을 느끼면서도 기도를 싫어한다. 기도는 해야만 하는 것이고 또 하고 싶기도 하지만 우리와 실제로 기도하는 것 사이에는 뭔지 모를 거리가 있는 것처럼 보인다. 우리는 또한 기도하지 않는 고통을 체험한다."

위의 글은 바쁜 일상을 살면서 기도하고 싶은 마음은 있지만 정작 하지는 못하고 허전해하는 현대인들의 안타까운 모습을 잘 서술하였다. 우리는 이제껏 참된 신앙생활을 위해서는 기도생활이 필수적이라는 말을 무수히 들어 왔고, 또한 스스로 진지한 기도생활을 해야겠다고 생각한다. 하지만 그러면서도 여전히 이를 실행에 옮기지 못하는 자신을 발견한다. 그 이유는 무엇일까? 우리는 왜 기도하고 싶은 마음은 간절한데도 그대로 행하지 못하는 것일까? 그 해답을 예수님의 기도생활에서, 그리고 그분의 기도에 대한 교훈에서 찾아보려 한다.

예수의 기도생활

예수님의 영성을 형성하는 요소들 중 가장 중요한 것이 바로 기도다. 기도는 그분의 영성을 가장 심오하고, 활력 있으며, 풍요롭게 하는 요소이기 때문이다. 기도는 예수님의 영성을 튼튼히 세워 주는 기반이요, 하늘 높이 상승케 하는 사다리이며, 또한 아름답게 피어나게 하는 양분이라고 할 수 있다. 예수님은 한마디로 기도의 사람이었고, 기도하는 삶을 사신 분이었다. 예수님에게서 나타나는 모든 영적 권위와 섬김의 삶과 치유의 역사, 그리고 그의 위대한 교훈들과 하나님과의 지속적이고도 깊은 사랑의 관계는 모두 그의 끊임없는 기도의 삶에서 나온 것이다. 예수님의 영성은 바로 그의 기도에 의해 심화되고 승화되었으며, 따라서 그의 영성의 깊이는 그의 기도의 심도와 비례한다고도 말할 수 있을 것이다. 그러면 예수님은 언제, 어떻게, 어떤 기도를 하셨는가?

1. 중대한 일을 앞에 놓고 기도하심

천국 복음 사역을 앞에 놓고: 제3 복음서의 저자 누가는 예수님이 세례 요한에게 세례를 받고 물에서 올라와 기도하는 중에 하나님의 음성을 들으셨다고 기록하였다. "백성이 다 세례를 받을새 예수도 세례를 받으시고 기도하실 때에 하늘이 열리며 성령이 비둘기 같은 형체로 그의 위에 강림하시더니 하늘로부터 소리가 나기를 너는 내 사랑하는 아들이라 내가 너를 기뻐하노라 하시니라(눅 3:21~22)." 즉 누가는 예수님이 세례를 받은 후 기도하는 중에 그에게 성령이 임하고 하늘로부터 들려오는 하나님의 음성을 들으셨다고 증언하는 것이다.

　이처럼 예수님은 천국 복음운동, 즉 그의 공생애를 시작하기 전 마음의 준비와 결단, 그리고 영적 체험의 기회로서 세례를 받고 기도하는 중에 "너는 내 사랑하는 아들이라. 내가 너를 기뻐하노라."는 하나님의 음성을 들으신 것이다. 우리는 여기서 매우 중요하고도 흥미로운 사실 한 가지를 발견할 수 있는데, 그것은 누가가 예수님의 영적 체험과 기도를 연결시켰다는 사실이다. 즉 예수님은 기도 속에서, 곧 기도하는 중에 하늘이 열리고 성령이 임하며 하나님의 음성을 직접 듣는 체험을 하신 것이다. "너는 내 사랑하는 아들이라. 내가 너를 기뻐하노라." (눅 3:22)

　예수님은 요단 강에서의 세례와 함께 성령 충만의 영적 체험을 하신 후 곧바로 복음 사역을 시작하지 않고, 오히려 더욱 기도하기 위해 광야로 나가셨는데, 그것이 바로 40일간의 광야 기도 시간이다. 마가는 예수님이 기도하기 위해 광야로 나가신 것을 "성령이 예수를 광야로 내몰았다(막 1:12)."고 기록하였다. 이스라엘의 광야는 참으로 험난한 곳이다. 폭염에 물도 없고 풀과 나무도 자라지 못하는 그야말로 황야 사막이다. 인적이라곤 조금도 찾아볼 수 없는 완전히 단절되고 고립된 곳이다. 마가는 예수님이 거기에서 들짐승들과 함께 지내셨다고 하였다. 40일이라는 긴 시간을 그 황량한 곳에서 홀로 기도에 전념하신 것이다.

　왜 성령은 예수님을 광야로 내몰았을까? 한마디로 앞으로 시작될 천국 복음 사역의 중대성 때문이었다. 사역이 중차대한 만큼 예수님은 그에 상응하는 영적 준비가 필요하셨다. 앞으로 전개할 천국 복음 사역을 앞에 놓고 자신의 영성을 점검하는 시간, 곧 영적 충전과 영성 확립의 시간, 하나님과의 깊은 교제의 시간, 하나님으로부터 계시와 영감을 받는 시간이 필요하셨던 것이다. 그리고 무엇보다 이 땅에 하나님 나라가 임하고 하나님의 뜻이 실현됨으로 온 인류가 하나님의 백성이 되어 사랑과 평화와 자유와 기쁨을 누리며 살게 하려는 그 어마어마한 꿈, 즉 자신의 소명인 천국 복음 사역에 대한 확신과 비전을 위한 영적 통찰의 시간이 필요하셨던 것이다.

예수님이 거기에서 어떻게 기도하셨는지 복음서 기자들은 전해 주지 않는다. 서서 기도하셨는지 앉아서 하셨는지, 혹은 소리 내어 하셨는지 소리 없이 묵상(침묵)이나 마음의 기도로 하셨는지, 예수님의 기도 양식에 관해서는 일절 언급이 없다. 이것은 우리가 어떻게 기도하든지 그 형식은 중요한 것이 아님을 의미하는 것이다. 복음서 기자들은 예수님이 거기에서 기도하시는 동안 마귀에게 시험도 받았다고 전한다. 이것은 그 곳에서의 기도가 예수님 자신에게 얼마나 처절한 영적 전쟁이었는지를 짐작케 한다. 기도는 광범한 의미에서 인간이 할 수 있는 가장 강렬하고도 순수한 영적 행위이며, 따라서 일종의 치열한 영적 전쟁이라고 할 수 있다. 그 때문에 기도에는 늘 그것을 방해하는 요소, 즉 악의 세력인 사탄의 훼방이 따른다. 왜냐하면 기도는 인간의 영혼이 비가시적 실재이신 하나님께로 다가가서 그분과 만나고 대화하는 영적 교제의 행위이기 때문이다.

우리는 매일의 삶에서 이것인지 저것인지, 이 길인지 저 길인지, 이것을 해야 하는지 하지 말아야 하는지를 선택해야 하는 중대한 결정의 순간을 만난다. 그 때에 우리가 먼저 해야 할 일은 무엇인가? 바로 기도다. 예수님은 복음 사역이라는 중대한 일을 앞에 놓고 모든 일에 우선하여 기도하셨으며, 또한 많은 시간을 기도에 할애하셨다. 우리는 예수님에게서 바로 이 중요한 교훈을 배워야 한다.

열두 사도의 선택을 앞에 놓고: 예수님은 천국 복음운동에 참여할 동역자들이 필요하셨다. 이 중대한 사역을 혼자서가 아니라 다른 이들과 함께 하려 하신 것이다. 그래서 선택된 이들이 바로 제자(사도)들이다. 예수님은 그들을 동역자이자 계승자로 택하셨다. 그들을 택하여 영적으로 잘 양육하고 훈련시켜 하나님 나라 건설을 위한 영성운동을 확장하고 또한 계승케 하려 하신 것이다. 이러한 이유로 제자들의 선택은 예수님에게 그 무엇보다 중대한 일이 아닐 수 없었다. 그리고 이 일을 목전에 두고 예수님은 또다시 기도하셨다.

누가는 이를 위해 예수님이 산에 들어가 밤을 새워 기도하셨다고 기록하였다. "이 때에 예수께서 기도하시러 산으로 가사 밤이 새도록 하나님께 기도하시고 밝으매 그 제자들을 부르사 그 중에서 열둘을 택하여 사도라 칭하셨으니(눅 6:12~13)." 이 대목은 예수님에게 사도의 선택이 얼마나 중대한 일이었는지를 보여 준다. 그 선택에 천국 복음운동의 향후 전개가 좌우되기 때문이다. 예수님은 이러한 중대한 일을 앞에 놓고 혼자 임의로 행동하지 않고, 겸허하게 하나님께 기도함으로 지혜를 구하고 영감을 얻으려 하신 것이다.

십자가를 앞에 놓고: 공관복음서 기자들은 예수님이 군사들에게 잡히시던 날 밤에 겟세마네 동산에서 밤을 새워 기도하셨다고 전한다. 예수님은 자신에게 중대한 순간, 곧 참혹한 고문과 죽음의 고통,

즉 십자가 형틀이 가까이 다가왔음을 예감하셨다. 이러한 중대한 시기에 그가 하신 일은 바로 기도였다. 자신에게 다가온 위기를 혼자 해결하려 하지 않으셨다. 자기 자신의 의지나 지혜를 동원하지 않고, 오직 하나님께 의지하고 그분의 뜻이 무엇인지를 구하셨다. 이 기도 장면을 마가는 다음과 같이 기록하였다.

> 그들이 겟세마네라 하는 곳에 이르매 예수께서 제자들에게 이르시되 내가 기도할 동안에 너희는 여기 앉아 있으라 하시고 베드로와 야고보와 요한을 데리고 가실새 심히 놀라시며 슬퍼하사 말씀하시되 내 마음이 심히 고민하여 죽게 되었으니 너희는 여기 머물러 깨어 있으라 하시고 조금 나아가사 땅에 엎드리어 될 수 있는 대로 이 때가 자기에게서 지나가기를 구하여 이르시되 아빠 아버지여 아버지께는 모든 것이 가능하오니 이 잔을 내게서 옮기시옵소서 그러나 나의 원대로 마시옵고 아버지의 원대로 하옵소서 (막 14:32~36)

한편 누가는 이 때 예수님이 기도하시던 모습을 "예수께서 힘쓰고 애써 더욱 간절히 기도하시니 땀이 땅에 떨어지는 핏방울 같이 되더라(눅 22:44)." 고 묘사했는데, 이는 그 기도가 얼마나 진지하고 간절했는지를 짐작케 해 준다. 생사의 갈림길에서의 기도였기에 참으로 처절할 수밖에 없었을 것이다. 하지만 여기서 우리가 주목해야 할 사실은 그뿐만이 아니다. 예수님의 이 때의 기도는 다만 자신 앞에 다가온 십자가를 모면케 해 달라는 간구의 기도만이 아니라 하나님의 뜻이 무엇인지를 알게 해 달라는 기도였으며, 동시에 자기 자신의 뜻의 성취보다는 하나님의 뜻을 이루어 달라는 기도였다는 사실이다.

참 기도, 즉 바른 기도는 자신의 뜻과 소원의 성취를 완곡히 요구하는 것이 아니라 하나님 뜻의 분별, 즉 하나님의 뜻이 무엇이고 무엇을 기뻐하시는지를 알아차리며 깨닫는 일이요, 더 나아가 자신의 뜻과 소원의 성취 대신에 하나님의 뜻을 이루시기를 구하는 것이다. 이것이 바로 예수님의 기도의 자세요, 방법이었다. 우리는 여기서 그리스도인의 기도의 바른 자세와 태도가 어떤 것인지를 분명히 깨달을 수 있다.

2. 타인을 위한 중보기도

예수님은 항상 도움이 필요한 사람들과 도움을 요청하는 사람들에게 둘러싸여 계셨다. 그 중에서도 특히 각종 질병으로 고생하는 사람들이 항상 그의 앞에 모여들었다. 예수님은 그들을 그냥 돌려보내지 않으시고 일일이 치유해 주시고, 또한 그들이 새로운 삶을 살아갈 수 있게 위로와 격려의 말씀을 해 주셨다. 예수님은 무슨 힘으로 그들을 치유해 주셨을까? 바로 기도의 능력이었다. 어떤 심리 요법이나 마술적인 힘으로 그들을 치유하신 것이 아니다. 오직 기도로, 즉 기도에 의한 능력으로, 다시 말하면 기도를 통해 하나님께서 주시는 신령한 힘으로 그들을 치유하신 것이다.

마가복음 9장은 예수님의 치유 능력이 다름 아닌 기도에서 나온 것임을 보여 준다. 예수님이 베드로와 야고보, 요한만을 데리고 변화산에서 기도한 후 내려오실 때에, 다른 제자들이 한 귀신(벙어리와 귀머거리) 들린 아이의 병을 고쳐 주지 못하여 큰 무리와 서기관들에게 둘러싸여 곤욕을 당하고 있었다. 이를 보신 예수님은 안타까워하시며 그 자리에서 아이의 병을 깨끗이 치유하여 주셨다. 제자들이 의아해하며 자신들은 왜 하지 못했는지를 묻자 주님은 바로 기도의 결핍, 즉 기도에서 오는 능력의 부족 때문이라고 말씀하셨다. "집에 들어가시매 제자들이 조용히 묻자오되 우리는 어찌하여 능히 그 귀신을 쫓아내지 못하였나이까 이르시되 기도 외에 다른 것으로는 이런 종류가 나갈 수 없느니라 하시니라." (막 9:28~29)

예수님의 기도는 어디까지나 자신을 위한 기도가 아니라 타인을 위한 기도였다. 특히 가난하고 병든 이들, 소외되고 고통당하는 이들의 질고와 그들의 아픔을 덜어 주기 위한 것이었다. 이것이 바로 중보기도의 요체다. 특히 요한복음 17장은 예수님이 공생애 마지막에 하나님께 드린 기도의 내용을 보여 주는데, 이것은 예수님이 하신 중보기도의 가장 대표적인 모형이다. 여기서 우리는 중보기도가 어떤 것이고, 또한 어떻게 해야 하는지를 알게 된다. 예수님은 자신이 곧 이 세상을 떠나 하나님 품으로 돌아가게 될 것을 아시고, 세상에 남아 있을 제자들을 위해 간절한 기도를 드리셨다.

내가 그들을 위하여 비옵나니 내가 비옵는 것은 세상을 위함이 아니요 내게 주신 자들을 위함이니이다 그들은 아버지의 것이로소이다 …… 나는 세상에 더 있지 아니하오나 그들은 세상에 있사옵고 나는 아버지께로 가옵나니 거룩하신 아버지여 내게 주신 아버지의 이름으로 그들을 보전하사 우리와 같이 그들도 하나가 되게 하옵소서 …… 내가 비옵는 것은 이 사람들만 위함이 아니요 또 그들의 말로 말미암아 나를 믿는 사람들도 위함이니 아버지여, 아버지께서 내 안에, 내가 아버지 안에 있는 것 같이 그들도 다 하나가 되어 우리 안에 있게 하사 세상으로 아버지께서 나를 보내신 것을 믿게 하옵소서(요 17:9~21)

이 기도에서 우리는 예수님이 제자들을 위해, 그들의 장래를 위해, 그들의 하나 됨을 위해, 하나님의 특별한 보호를 위해 얼마나 간절하게 기도하셨는지를 알 수 있다. 중보기도의 좋은 본보기를 발견할 수 있는 것이다. 자신과 자신이 속한 집단의 안위와 유익만을 구하는 집단 이기적 기도가 아니라 타인을 위한 기도, 세상을 위한 기도, 즉 자기 밖의 다른 많은 사람들에게 하나님의 은총이 임하고 하나님의 뜻이 실현되게 기도하는 것이 중보기도의 요체다. 오늘날 그리스도인들과 교회는 이러한 중보기도를 더 많이, 더 적극적으로 해야 하며, 또한 할 필요가 있다. 이 세상 많은 사람들이 하나님의 사랑(은혜)을 갈망하고 있기 때문이다.

3. 감사의 기도

예수님이 하셨던 기도 중 또 하나 빠뜨릴 수 없는 것이 감사의 기도다. 예수님은 일용할 양식뿐 아니라 일상의 작은 일에 대해서도 늘 하나님께 감사의 기도를 드렸는데, 특히 기쁘고 감격스러운 일이 있을 때 이 기도를 잊지 않으셨다. 아마도 하나님께서 가장 기뻐하시는 바, 그리고 가장 기뻐하시는 기도는 하나님의 형상대로 지음 받은 인간의 감사의 표현, 즉 감사의 기도일 것이다. 왜냐하면 감사는 우리의 필요를 요구하거나 청원하는 일이 아니라 우리의 마음, 곧 영혼 깊은 곳에서 우러나오는 감사의 심정을 하나님께 드리는 일이기 때문이다.

그런 면에서 감사의 기도는 모든 기도 중 가장 순수한 기도라 할 수 있다. 감사한 일, 감격스러운 일이 있을 때 예수님은 자신 혼자 기뻐하고 즐거워하신 것이 아니라 하나님께 감사의 기도를 하셨다. 그 대표적인 예가 전도하러 나갔던 70인 제자들이 돌아와 그간의 일을 보고했을 때다.

그 때에 예수께서 성령으로 기뻐하시며 이르시되 천지의 주재이신 아버지여 이것을 지혜롭고 슬기 있는 자들에게는 숨기시고 어린 아이들에게는 나타내심을 감사하나이다 옳소이다 이렇게 된 것이 아버지의 뜻이니이다 내 아버지께서 모든 것을 내게 주셨으니 아버지 외에는 아들이 누구인지 아는 자가 없고 아들과 또 아들의 소원대로 계시를 받는 자 외에는 아버지가 누구인지 아는 자가 없나이다(눅 10:21~22)

4. 한적한 곳에서의 고독의 기도

우리가 예수님의 기도생활 중 복음서에서 발견할 수 있는 가장 인상적이고도 특이한 점은 예수님이 자주 한적한 곳에 가시어 혼자 기도하셨다는 사실이다. 특히 공관복음서 기자들은 예수님이 자주 인적이 없는 산이나 광야 한적한 곳에 가서 혼자 기도하셨음을 증언해 준다. 이것은 예수님의 기도 습관과 스타일, 곧 그의 기도의 특징을 표현한 것으로 볼 수 있을 것이다. 특히 마가는 예수님이 한적한 곳(산)에서 혼자 '기도하시니라'는 구절을 기록하면서 '프로슈코메노스(proseuchomenos)'라는 미완료형 시제를 사용함으로써, 그가 '계속해서' 또는 '자주' 이러한 방식으로 기도하셨음을 암시하였다.

- 새벽 아직도 밝기 전에 예수께서 일어나 나가 한적한 곳으로 가사 거기서 기도하시더니(막 1:35)
- 무리를 보내신 후에 기도하러 따로 산에 올라가시니라 저물매 거기 혼자 계시더니(마 14:23)
- 무리를 작별하신 후에 기도하러 산으로 가시니라 저물매 배는 바다 가운데 있고 예수께서는 홀로 뭍에 계시다가(막 6:46~47)
- 예수의 소문이 더욱 퍼지매 수많은 무리가 말씀도 듣고 자기 병도 고침을 받고자 하여 모여 오되 예수는 물러가사 한적한 곳에서 기도하시니라(눅 5:15~16)
- 이 때에 예수께서 기도하시러 산으로 가사 밤이 새도록 하나님께 기도하시고(눅 6:12)

이처럼 마태 마가 누가와 같은 복음서 기자들은 예수님이 수시로 산이나 광야 등 인적이 없는 고요한 장소, 즉 한적한 곳으로 가서서 혼자 기도하셨다고 기록하였다. 그렇다면 그 이유는 무엇일까? 예수님은 왜 제자들과 많은 사람들을 뒤로하고 인적이 없는 한적한 곳을 찾아가 혼자 기도하셨을까?

하나님과의 깊은 교제를 위해: 그 이유는 무엇보다 먼저 사람들로 인한 어떠한 방해도 받지 않고 기도에 집중할 수 있는 시간과 장소를 얻기 위해서였다. 한적한 곳이란 그리스어 '에레모스(eremos)'로, 인적이 없는 조용한 곳, 사람들이 사는 마을에서 멀리 떨어진 곳, 사람들의 소음이 들리지 않는 곳, 황막한 광야, 그리고 나무와 풀과 들짐승 등 자연과 만나는 곳이다. 그리고 새벽이나 밤은 사람들의 왕래가 더더욱 없는 고요한 시간이다.

예수님은 깊은 기도를 위해, 즉 하나님과의 깊은 대화와 교제를 위해 이렇게 기도에 집중할 수 있는 고요한 장소와 시간이 필요하셨던 것이다. 사람들과 함께 있을 때나 사람들에게 둘러싸여 있을 때는 기도가 방해를 받기 쉽다. 기도는 하나님과의 영적 대화(통화)와 교제의 시간이기 때문에 무엇보다도 의식의 집중, 곧 영적 집중(spiritual concentration)이 중요하다. 예수님은 하나님과의 독대(獨對)의 시간, 은밀한 교제의 시간, 영적 집중의 시간을 갖기 위해 사람들과 멀리 떨어진 한적한 곳에 가서 홀로 머물며 기도하신 것이다.

하나님의 뜻을 분별하기 위해: 예수님이 한적한 곳을 찾으신 또 다른 이유는 인적이 없는 고요한 곳에서의 깊은 기도를 통해 자신을 향해 은밀히 말씀하시는 하나님의 음성을 듣기 위해서였다. 하나님은 은밀한 중에 말씀하신다. 하나님이 영적 실재이시기에 그분의 말씀(음성)도 영적일 수밖에 없다. 영적인 언어는 일종의 침묵의 언어다. 선지자 엘리야도 큰 천둥소리와 폭풍의 소리가 다 지나간 다음 들려오는 미세한 소리에서 하나님의 음성을 듣게 되었다.

예수님은 자신을 향해 말씀하시는 하나님의 음성을 친히 듣고, 또한 자신을 향한 하나님의 뜻을 정확히 분별하기 위해 인적이 없는 고요한 장소가 필요하셨던 것이다. 가파도기아 교부들 중 하나인 성 바질(St. Basil)은 하나님과의 영적 교제의 최상의 방법은 '마음의 고요(hesychia)', 곧 침묵과 '홀로 있음(eremia)'이라고 하였는데, 이는 하나님과 함께 고요히 홀로 있음은 인간의 영혼을 정화하고 영혼 자체로 들어가게 하여 궁극적으로 하나님과의 합일(만남)의 경지인 '관상(contemplation)'에 이르게 하기 때문이다.

깊은 기도, 즉 영적인 기도는 내가 하나님께 무엇을 달라고 구하는 기도가 아니라 오히려 나를 향해 말씀하시는 하나님의 음성을 알아듣고 그분의 뜻을 분별하는 수동적 기도(passive prayer)다. 예수님은 천국 복음을 온 세계에 전파하는 이 중대한 일을 앞에 놓고 하나님의 음성을 직접 듣고 그분이 원하고 기뻐하시는 뜻을 알아차리기 위한 영적 통찰과 분별의 시간이 필요하셨던 것이다. 영적 지도자에게는 하나님과의 은밀한 영적 교제의 시간이 필수적이다. 예수님은 또한 이 기도 시간을 통해 자신이 전개하고 있는 천국 복음운동이 하나님께서 원하시는 합당한 방향으로 가고 있는지 점검하고, 하나님께서 주시는 새로운 계시와 영감을 얻고자 하셨다.

자신의 사역에 대한 점검과 영적 충전을 위해: 예수님이 인적이 없는 한적한 곳을 찾아 기도하신 것은 하나님과의 깊은 영적 교제의 시간과 함께 자기 자신과 또한 자신이 전개하고 있는 천국 복음 사역에 대한 점검과 영적 재충전의 시간을 갖기 위해서였다. 영적 지도자에게는 무엇보다 먼저 자신의 영적 상태에 대한 점검이 필요하다. 영적으로 건강할 때, 올바른 영적 지도력을 발휘할 수 있는 것이다.

예수님은 자신이 전개하고 있는 천국 복음 사역과 치유 사역의 과정에서 발생하는 여러 장해 요인들, 즉 바리새파 사람들의 저항과 그들과의 충돌, 사람들의 몰이해, 제자들의 나약함, 하나님 말씀에 대한 문자적 이해, 가시적인 물질적 기적만을 중요시하는 사람들의 잘못된 태도, 그리고 특히 자신을 초인적인 인물로 격상시키고 종교·사회적 영웅으로 치켜세워 숭배하려는 태도 등에 직면하여, 이를 어떻게 대처하고 풀어야 할지를 놓고 기도하셔야 했고, 또한 이에 대한 하나님의 응답과 도움이 필요하셨다.

또한 지금 전개하고 있는 천국 복음 사역이 과연 바른 방향으로 가고 있는지도 점검해야 했다. 그리고 자신의 이름이 점점 널리 알려지고 인기가 높아 감에 따라, 무엇이 자신의 영광이 아닌 하나님의 영광을 위하는 길인지, 진정으로 하나님의 아들, 곧 인자(Son of Man)의 길이 무엇이며 어떤 길을 가야 하는지에 대한 철저한 성찰과 점검이 필요했었다. 이러한 중대한 과제를 앞에 놓고 예수님은 수시로 인적이 없는 고요하고 한적한 곳을 찾아 홀로 머물며 기도하셨어야만 했다.

그런데 이러한 일은 비단 예수님에게만 필요한 것인가? 결코 그렇지 않다. 모든 지도자, 특히 영적 지도자에게는 반드시 필요한 일이다. 또한 하나님의 뜻대로 인생을 의미 있게 살려는 모든 그리스도인에게도 이는 없어서는 안 될 것이다. 왜냐하면 하나님과의 깊은 영적 교제와 대화의 시간 없이는 진정한 영성적 삶을 사는 것이 불가능하기 때문이다. 사람들의 소리, 즉 우리의 마음을 서글프게 하는 사람들의 자기자랑의 시끄러운 소음을 떠나 하나님과만 함께 있는 고요한 기도(피정)의 시간은 모든 그리스도인에게는 더없이 소중하고 가치 있는 시간인 것이다.

영적인 깊은 사색과 묵상의 시간을 위해: 예수님이 한적한 곳을 찾아 홀로 기도하신 것은 깊은 영적 사색과 침묵의 시간을 갖기 위해서였다. 복음서 기자들은 예수님이 그 곳에 가서 '묵상기도'를 드렸다고 기록하지는 않았다. 그러나 한적한 곳에 홀로 계시며 기도하셨다는 표현은 깊은 영적 사색의 시간, 곧 묵상기도의 시간을 암시하는 것이다. 특히 40일간의 광야 기도는 깊은 침묵(묵상 혹은 명상)과 영적 사색의 기회였을 것이다. 왜냐하면 40일 동안 계속해서 소리 내어 기도

한다는 것은 상상하기조차 어려운 일이기 때문이다. 그런 점에서 예수님은 기독교 묵상기도의 전통, 즉 영적 사색과 기독교적 명상 전통의 창시자라고 할 수도 있을 것이다.

특히 마태, 마가, 누가 세 복음서 기자들은 예수님의 변화산 기도 장면을 거의 동일하게 매우 인상적으로 묘사하였다(마 17:1~8, 막 9:2~8, 눅 9:28~36). 그런데 마가는 예수님이 베드로와 야고보, 요한을 데리고 높은 산으로 가서 그들 앞에서 변형되사 그 옷이 광채가 났다고 기록한 데 반해, 누가는 예수님이 세 제자와 함께 기도하러 산으로 가서서 거기서 기도하시는 중에, 용모가 변하고 그 옷이 희어져서 광채가 나는 사건이 일어났다고 기록하였다.

사실 이 높은 산이 헐몬 산인지 다볼 산인지, 아니면 갈멜 산인지 분명하지 않다. 또한 실제로 그 산이 어느 산인지도 중요한 것이 아니다. 문제는 어떻게 예수님의 형체가 제자들 앞에서 변하게 되었고, 그의 옷에서 광채가 나게 되었는지 하는 점이다. 우리에게 이에 대한 해답을 주는 이가 바로 누가다. 즉 누가에 따르면, 예수님이 세 제자를 데리고 높은 산으로 가신 것은 특별한 기도, 즉 깊은 기도를 하기 위함이며, 용모가 변하고 그의 옷에서 광채가 나게 된 것도 바로 기도의 결과, 즉 기도하는 중에 일어난 사건이라는 것이다.

기도하실 때에 용모가 변화되고 그 옷이 희어져 광채가 나더라(눅 9:29)

도대체 예수님이 어떻게 기도하셨기에 이런 일이 일어났을까? 그리고 그의 용모가 변하고, 옷에서 광채가 났다는 것은 무엇을 의미하는 것일까? 우리는 여기서 매우 중요한 사실을 발견할 수 있다. 즉 예수님의 기도의 수준, 기도의 질, 기도의 방법, 기도의 깊이와 강도를 읽을 수 있다는 것이다. 기도 중에 용모가 변하고 옷에서 광채가 찬란히 빛났다는 것은 바로 예수님의 내적 순수함의 절정, 하나님과 완전히 하나를 이루는 합일(Unity)의 극치를 보여 주는 것으로 이해할 수 있다. 그런 점에서 예수님의 변화산 기도는 그리스도인의 기도의 최고 단계인 '영적인 기도', 즉 '관상기도'의 전형/원형(prototype)을 보여 주는 것으로 이해하고 싶다. 이렇게 볼 때 예수님은 기독교의 가장 깊은 기도 형식인 영적인 기도, 즉 관상기도의 창시자 혹은 효시라고 해도 무방할 것이다.

물론 히브리(유대교)의 종교적 전통에는 '카발라(kabbala)'라는 묵상과 명상기도의 전통이 오래 전부터 전해지고 있다. 카발라는 '구전'이라는 뜻으로 진리를 깨달은 스승이 제자에게 비밀리에 말로 전수해 주는 것을 의미한다. 모세는 애굽 왕궁을 떠나 40년간의 광야생활에서 많은 기도와 명상의 시간과 함께 영적(소명) 체험의 기회를 가졌으며, 또한 수십 년에 걸친 출애굽 과정에서, 특히 시내 산 산정에서 절대자 하나님을 대면하고 그분의 음성을 직접 듣는 황홀하고도 신비한 영적 체험을 했다. 이 전통은 히브리 예언자들과 영성가들에게 전수되어 히브리(유대교) 신비주의(카발라)를 탄생시켰고, 오늘날까지도 이어지고 있다. 카발라에서는 예수님도 바로 이 전통에 속한다고 믿는다.

구약성서에는 '묵상'이라는 단어가 자주 나온다. 창세기를 보면 아브라함의 아들 이삭이 아내 리브가를 만나기 직전 저녁시간에 들판에 나가 묵상하고 있었다는 기록이 있다(창 24:63). 구약성서에서 '묵상'은 '조용히(마음으로) 기도하다.', '깊이 생각(사색)하다.' 혹은 '명상하다.', '작은 소리로(속삭이듯) 읊조리다.' 등의 뜻으로 사용되었다. 특히 위대한 기도시(poetic prayers)라 할 수 있는 시편에서는 이 단어를 어렵지 않게 찾아볼 수 있다.

- 시 1:1~2 복 있는 사람은 …… 오직 여호와의 율법을 즐거워하여 그 율법을 주야로 묵상하는 자로다
- 시 19:14 …… 여호와여 내 입의 말과 마음의 묵상이 주님 앞에 열납되기를 원하나이다
- 시 49:3 내 입은 지혜를 말하겠고 내 마음은 명철을 작은 소리로 읊조리리로다
- 시 63:6 내가 나의 침상에서 주를 기억하며 새벽에 주의 말씀을 작은 소리로 읊조릴 때에 하오리니
- 시 77:6 밤에 부른 노래를 내가 기억하여 내 심령으로, 내가 내 마음으로 간구하기를
- 시 104:34 나의 기도를 기쁘게 여기시기를 바라나니 나는 여호와로 말미암아 즐거워하리로다
- 시 119:97 내가 주의 법을 어찌 그리 사랑하는지요 내가 그것을 종일 작은 소리로 읊조리나이다
- 시 119:99 내가 주의 증거들을 늘 읊조리므로 나의 명철함이 나의 모든 스승보다 나으며
- 시 145:5 주의 존귀하고 영광스러운 위엄과 주의 기이한 일들을 나는 작은 소리로 읊조리리이다

여기서의 '묵상(meditation)'은 마음으로 곰곰이 생각하고 음미하는 행위, 즉 사색적 기도의 형식임을 알 수 있다. 다시 말해 이것은 소

리를 내거나 말로 하는 기도가 아니라 마음속으로 하나님의 법도, 즉 하나님의 말씀과 진리, 그리고 창조주 하나님께서 인간과 모든 피조물에게 베푸시는 사랑과 은혜들을 깊이 음미하고 생각하는 기도로서, 이것은 고대 교부들이 즐겨 실행한 '마음의 기도(prayer of the heart)'의 전신으로 이해하는 것이 좋을 것이다.

시편 기자들의 깊은 영적 사색 행위로서의 묵상의 전통, 구약 예언자들의 하나님과의 깊은 영적 교제의 전통과 함께 예수님의 광야 40일 기도와 수시로 행한 고요(한적)한 곳에서의 홀로 있음과 그 곳에서의 성령의 내주적 도우심 속에서 행한 깊은 침묵 혹은 묵상과 영적 사색의 기도 행위, 그리고 변화산에서의 신비 지극한 기도는 그대로 고대의 기독교 교부들(Church Fathers)과 특히 사막의 교부들(Desert Fathers) 및 은자(Hermit)와 수도자들(Monks)의 묵상기도(마음의 기도) 혹은 관상기도운동으로 이어지게 되었다.

예수님은 분명히 행동하는 영성가인 동시에 사색적이며 명상적인 관상적 영성가라고도 할 수 있다. 왜냐하면 예수님은 한편으로는 각계각층의 사람들이 어울려 사는 세상 한복판에서 그들에게 천국 실현의 복음을 들려주고 그들을 치유하고 섬기며 사셨으면서도, 다른 한편으로는 자주 사람들을 피해 산이나 광야에 혼자 머물며 영적인 사색과 묵상과 기도에 진력하셨기 때문이다. 묵상이란 깊은 영적 사색 행위로서, 우리의 영혼 깊은 곳에서 하나님과 은밀하게 대화하고 교제하는 내면적 기도, 즉 하나님의 음성을 '듣는 기도(listening prayer)' 또는 하나님의 뜻을 '분별하는 기도(discerning prayer)'라고 말할 수 있다.

지금까지 개신교 전통에서는 묵상기도 혹은 마음의 기도(영적 사색의 기도)는 생소한 것이 사실이다. 그러나 우리의 영혼 깊은 곳에서 하나님의 뜻을 분별하고 그분의 음성을 듣고 알아차리는 내면적 기도는 하나님께 무엇을 달라고 구하는 간구(청원)의 기도보다 한층 심오한 단계의 기도라고 할 수 있다. 왜냐하면 나의 소원을 하나님께 아뢰는 것보다 하나님께서 내게 원하시는 뜻을 분별하고 나를 향해 말씀하시는 그분의 음성을 바로 알아듣고 식별하는 일이 더 중요하기 때문이다. 오늘날 한국교회의 영성 회복은 바른 기도의 회복으로 시작되어야 한다. 왜냐하면 바른 기도운동이 곧 바른 영성의 길이며, 또한 바른 영성이 곧 바른 교회 회복의 길이기 때문이다.

기도에 대한 교훈

예수님은 친히 진지한 기도자(the person of prayers)의 삶, 곧 기도의 삶(a life of prayers)을 사시고 또한 기도자의 모범을 보여 주셨을 뿐만 아니라 우리가 어떻게 기도해야 할지에 대한 중요한 교훈을 남겨 주셨다. 예수님은 먼저, 그 당시 종교 지도자들이었던 바리새파 사람들의 잘못된 기도 태도를 지적하셨다. 그들은 자기들의 종교인 유대교에 매우 열심 있는 사람들이었으며, 기도하기를 좋아할 뿐만 아니라 기도를 많이 하는 사람들이었다. 그런데 그들의 기도하는 태도에는 문제가 있었다. 그들은 특히 회당이나 길거리 등 사람들이 보는 앞에서 기도하기를 좋아했다. 즉 자기들이 얼마나 기도를 잘하고 자주하고 유창하게 하며, 또한 종교적으로 얼마나 열심이고 유식한지를 보이기 위해 사람들이 많이 모이는 길 어귀에서 기도하기를 즐겼다. 예수님은 이러한 그들의 잘못된 기도 습관과 태도를 질책하셨다. 그런 점에서 예수님은 진정한 의미의 기도하는 영성가, 혹은 기도 신학자라고 말할 수 있을 것이다. 그러면 예수님이 어떻게 기도하라고 말씀하셨는지, 즉 그의 기도에 대한 교훈의 핵심은 무엇인지 알아보자.

1. 외식적인 기도를 하지 말라

너희는 기도할 때에 외식하는 자와 같이 하지 말라 그들은 사람에게 보이려고 회당과 큰 거리 어귀에 서서 기도하기를 좋아하느니라 내가 진실로 너희에게 이르노니 그들은 자기 상을 이미 받았느니라(마 6:5)

여기서 예수님은 형식적인 기도나 외식적인 기도는 참 기도가 아니라는 점을 말씀하셨다. 예수님이 말씀하신 '외식하는 자' 란 '위선자(hypocrite)'를 지칭하는 말로서, 자기 자신을 드러내기를 좋아하는 자, 자기과시를 일삼는 자, 다시 말하면 속과 겉이 다른 사람을 의미하는 '거짓 신앙인' 혹은 '위선적 종교인' 이라는 의미다. 예수님 당시의 바리새파 사람들이나 유대교의 지도자인 랍비들, 또는 서기관들은 사람들 앞에서 미사여구로 기도하기를 좋아하여 겉으로 보기엔 기도를 잘하고 열심히 많이 하는 것 같았으나, 예수님은 그들의 기도가 하나님께 대한 진지함 없이 오히려 사람들에게 자기의 의를 과시하기 위한 위선적 동기에서 비롯되었음을 간파하신 것이다.

기도의 대상은 사람이 아니라 전적으로 하나님이시다. 즉 기도란 전적으로 하나님께 드리는 영적 행위이며 하나님과의 영적 교제이기 때문에, 사람들에게 듣기 좋은 말이나 언어와는 무관한 것이다. 그런데 많은 사람들이 기도할 때 다른 이들이 자신의 기도를 듣고 어떻게 생각할지를 의식하며 걱정한다. 기도는 결코 사람들의 칭찬의 대상이 아니다. 따라서 우리는 기도할 때에 유일한 기도의 대상인 하나님만을 생각해야 한다. 사람들을 의식하며 하는 기도는 진지한 기도가 될 수 없으며, 참 기도가 아니다. 또한 간혹 기도를 설교의 한 방편인 양 생각하여 설교 조로 기도하는 사람(혹은 목회자)도 있다. 또 어떤 사람은 기도를 통해 누군가를 설득하거나 감화시키려 하거나 혹은 다른 이를 심판하거나 징계하는 수단으로 기도하기도 한다. 이런 식의 기도는 모두 사람들을 의식하는 데서 비롯한 것이기 때문에 진정한 의미의 기도가 아니며, 예수님이 질책하신 외식하는 기도에 속한다. 하나님은 우리의 미사여구, 즉 화려한 언어를 요구하시는 것이 아니다. 우리의 진지한 언어, 즉 영혼의 심저에서부터 울려 나오는 간절한 소리(절규)를 듣고 싶어 하시는 것이다.

2. 중언부언(重言復言) 기도하지 말라

중언부언하는 기도란 아무 뜻도 없이 입(혀)에서만 하는 기도로서, 전형적인 형식적 기도를 의미한다. '중언부언' 은 같은 말을 반복한다는 뜻이다. "중언부언하지 말라."는 구절을 공동번역과 새번역은 "빈말을 되풀이하지 말라."로 표현했고, 현대인의 성경은 "쓸데없는 말을 되풀이하지 말라."는 표현을 사용하였다. 당시 이방 종교들이나 토속 종교들은 기도를 하나의 주술처럼 '제재복래(除災福來)', 즉 재앙들을 멀리 보내고 복을 내려 달라는 기원을 반복적으로 암송하는 경우가 많았다. 예수님이 말씀하시는 중언부언하는 기도란 바로 이와 같은 진지성(sincerity)이 결여된 형식적인 기도, 즉 같은 말을 입(말)으로만 계속하여 되풀이하는(중얼거리는) 기도를 의미하는 것이다.

오늘날 한국교회는 얼마나 많이, 그리고 흔히 이런 중언부언하는 기도를 하고 있는가? 우리의 가정이나 교회 강단에서 하나님과의 진지한 영적(인격적) 관계는 아랑곳없이, 입에서만 중언부언하는 기도를 하지는 않는가? 오늘날 한국교회가 애용하는 통성기도가 혹여 이런 기도로 흐르고 있지는 않는가? 우리는 예수님이 지적하신 대로 이방인들, 즉 미신적 종교들에서 흔히 볼 수 있는 주술적 기도인 중언부언하는 기도에서 벗어나 바른 기도, 즉 하나님이 원하고 기뻐하시는 진지한 기도로 돌아와야 한다.

기도는 얼마나 많이(자주) 하고 길게(오래) 하며 큰 소리로 하느냐가 중요한 것이 아니라, 얼마나 진지한 태도로 하느냐(how to pray/the attitude of prayers)와 그 내용, 즉 어떤 내용으로 하느냐(what do we pray for/the content of prayers)가 중요하다. 예수님이 한국교회의 기도의 문제점을 지적하신다면 아마도 큰 소리를 지르는 기도 태도일 것이다. 기도는 진실함(순수함)과 간절함이 중요하지 크게 외침이 중요한 것이 아님을 알아야 한다.

한국교회와 교인들은 기도 많이 하는 교회로서 세계 어느 나라와 견주어도 뒤지지 않을 것이다. 그러나 예수님의 기도에 대한 교훈에 비추어 생각해 볼 때, 과연 오늘 우리의 기도가 예수님이 원하시는 모습인지, 혹시나 지적하신 중언부언하는 기도, 혹은 외식적(형식적)인 기도로 변질되어 가고 있지는 않은지 깊이 생각해 볼 필요가 있다.

한국교회는 기도를 강조하는 교회다. 기도는 신앙생활에서 필수적인 요소이며, 영적 호흡과 같이 중요하다는 것을 늘 강조한다. 많은 목회자들과 부흥 강사들이 설교를 통하여 기도가 필수이고, 기도가 만능이며, 기도보다 중요한 것은 없다고 강조하는 소리를 귀가 아플 정도로 듣는다. 그러나 어떻게 해야 바른 기도이고, 또한 하나님이 기뻐하시는 기도는 어떤 기도이며, 얼마나 진지하게 기도해야 하는지, 즉 기도에는 얼마나 우리 영혼의 진실함, 곧 마음의 순수함(purity)과 진지성(sincerity)이 요구되는지를 알려 주는 소리는 들어보기가 매우 어려운 실정이다. 한국교회의 문제는 바로 이것이다. 따라서 우리는 앞으로 기도를 많이 하기를 강조하는 것에 우선하여, 어떤 기도가 참 기도이며 하나님이 기뻐하시는 기도인지, 즉 기도의 바른 태도, 다시 말하면 '바른 기도'를 강조해야 한다.

3. 간절히 기도하라

예수님은 기도의 중요성을 말씀하시면서 기도자의 바른 자세에 대해서도 언급하셨다. 예수님이 말씀해 주신 기도의 바른 자세는 '진지성'과 '지속성'이다.

구하라 그리하면 너희에게 주실 것이요 찾으라 그리하면 찾아낼 것이요 문을 두드리라 그리하면 너희에게 열릴 것이니 구하는 이마다 받을 것이요 찾는 이가 찾아낼 것이요 두드리는 이에게는 열릴 것이니라(마 7:7~8)

예수님이 여기서 강조하신 것은 바로 기도자의 진지한 자세, 즉 강한 열정과 쉽게 포기하지 않는 지속성이다. 어떤 중요한 목표를 앞에 놓고 기도할 때, 한두 번 또는 몇 차례 적당히 기도하는 것으로는 부족하다. 중요한 일일수록 더욱 진지하게 그리고 지속적으로 기도해야 한다. 우리가 기도할 때 가장 범하기 쉬운 오류가 바로 이 진지성(간절함)과 지속성의 결여일 것이다. 그렇다면 어떠한 기도가 간절한 기도일까? 한마디로 간절한 기도는 눈물의 기도라고 할 수 있다.

하나님은 우리 영혼 깊은 곳에서 솟아나오는 절규인 간절한 기도를 원하시고 기뻐하신다. '구하라, 주신다. 문을 두드리라, 열어 주신다.'는 예수님의 말씀을 문자대로 이해하면, 하나님은 우리가 구하는 대로 무엇이든지 들어주신다는 말로 해석할 수도 있다. 하지만 이러한 해석은 자칫 기복신앙을 조장하는 결과를 낳을 수도 있다. 여기서 예수님이 강조하신 것은 결코 그런 의미가 아니다. 왜냐하면 하나님은 우리가 구하는 대로 무엇이든지 즉시 응답해 주시는 하나님이 아니기 때문이다.

그러면 하나님은 우리의 어떤 기도에 응답해 주시는가? 하나님은 우리의 기도가 하나님의 뜻에 합당하고, 또한 우리가 구하는 것이 선하고 옳은 것일 때 응답해 주신다는 사실을 알아야 한다. 즉 하나님은 우리의 기도(구하는 내용)가 우리 자신에게 선하고 유익할 뿐만 아니라 다른 사람들에게도 선하고 유익한 것일 때 응답해 주신다.

이 사실(진리)을 깨닫는 일이 매우 중요한데, 이는 예수님의 "무엇이든지 내 이름으로 구하면 이루리라."는 말씀의 뜻이기도 하다. '예수님의 이름으로' 구한다는 것은 우리의 기도가 '예수님의 마음'과 합치되는, 곧 하나님의 사랑의 대상과 범위인 우리 자신과 또한 다른 사람들(형제와 이웃), 심지어는 하나님의 모든 피조물(창조세계)에게까지 선하고 유익이 되는 내용을 담아야 한다는 뜻이다.

나 자신에게만 유익하고 다른 사람들에게는 해가 되는 것은 진정한 의미의 선한 것이 아니며, 따라서 하나님이 기뻐하시는 바가 될 수 없다. 그러므로 매번 기도 마지막에 "예수님의 이름으로 기도합니다."라고 할 때, 우리는 우리 기도의 내용이 예수님의 사랑의 정신(마음)과 일치하는지를 생각해야 한다.

4. 골방에 들어가 기도하라

예수님의 기도에 관한 교훈 중 가장 독특한 부분은 기도하는 태도와 자세에 관한 다음의 말씀이다. "너희는 기도할 때에 네 골방에 들어가 문을 닫고 은밀한 중에 계신 네 아버지께 기도하라. 은밀한 중에 보시는 네 아버지께서 갚으시리라(마 6:6)." 이는 위에서 언급한 바리새파 사람들의 자기 과시적이고 위선적인 기도와 중언부언하는 형식적인 기도 태도와 대조되는 기도의 바른 자세(태도)에 관한 말씀이다.

골방에 들어가 문을 닫고 기도하라는 말씀은 도대체 무슨 뜻이며, 어떠한 의미가 담겨 있을까? 왜 예수님은 기도할 때에 사람들이 보지 못하는 장소인 골방에 들어가 문을 닫고 하라고 말씀하셨을까? 이 말씀이 함축한 의미는 매우 심오하고도 귀중하다고 생각한다. 예수님의 이 말씀은 기도의 본질적 특성, 즉 기도의 내면성, 다시 말하면 기도의 영성적 의미와 특성, 기도의 신비성, 초월성, 인격적 관계성 등을 내포한다고 볼 수 있다.

우리의 기도를 들으시는 하나님은 어디에 계시며 어떠한 분인가? 예수님 말씀에 따르면 하나님은 은밀한 중에 계시는 분이다. '은밀한 중에'라는 말은 그리스어 '푸류프토(preupto)'로 하나님의 존재 양식을 나타내는 말인데, 하나님은 우리의 상식이나 상상이 미칠 수 없는 지극한 신비 속(in secret)에 계신 분이며, 우리의 감각적 인식의 대상이 아닌 '비가시적(unseen, invisible)'인 영적인 실재라는 의미다.

"하나님은 영이시니 예배하는 자가 신령과 진정으로 예배할지니라."라는 말씀도 바로 하나님의 영적 실재성과 존재의 신비성을 나타내는 것이다. 요컨대 '은밀한 중에 계신' 이라는 말씀은 한마디로 하나님은 신비 지극하신 분이며, 또한 지극한 신비 속에 계시는 분이라는 의미다. 그러므로 하나님께 드리는 우리의 기도도 인간적인 모든 감각적 요소들을 떠나 순수한 영적 상태에서 드려져야 한다는 말씀이다. 그러기 위해 골방에 들어가 문을 닫고 기도하라고 하신 것이다.

기도는 엄밀한 의미에서 기도자인 우리와 하나님의 은밀한(신비한) 인격적 만남의 사건이라고 할 수 있다. "너희는 기도할 때에 골방에 들어가 문을 닫고 은밀한 중에 계신 하나님께 기도하라."는 예수님의 말씀은 기도란 단순히 우리의 소원하는 바를 하나님께 아뢰고 구하는 행위를 넘어, 우리의 영(영혼) 혹은 '속사람' 이 영적 실재이신 하나님과 은밀히 만나 신비한(영적인) 교제를 나누고, 대화하며, 교통하고, 사랑의 관계/친교를 나누는 영적 사건이라는 사실을 나타내는 것이다.

그러므로 기도에는 오직 기도를 드리는 당사자와 기도를 듣는 주체이신 하나님의 은밀한 만남만이 요구되는 것이다. 그 외의 다른 어떠한 요소도 끼어들어서는 안 된다. 주위에서 사람들의 소리가 들려오거나 다른 시끄러운 잡음들이 끊이지 않는다면 하나님과의 은밀한 교제가 방해를 받을 수 있다. 또한 기도할 때에 세상 염려를 하거나 다른 일들을 의식하거나 생각하면서는 하나님과의 깊은 교제에 들어갈 수 없다.

그래서 예수님은 "너희가 기도하는 중에 어떤 사람과 등진(원수진) 일이 생각나거든 그들을 용서(화해)하라. 그리하여야 하나님께서도 너희의 잘못을 용서하시리라."고 말씀하신 것이다. 이는 우리의 기도에는 어떠한 장해 요인, 즉 마음에 거리끼는 일도 있어서는 안 된다는 점을 알려 주는 말씀이다. "골방에 들어가 문을 닫고 기도하라." 라는 말씀은 바로 이 점을 강조한 것이다. 이 말씀에 근거해 고대의 교부들, 특히 동방교회의 교부들과 수도자들은 기도의 가장 중요한 요소로서 '고요함(stillness)'과 '홀로 있음(solitude)'을 강조하였다.

본질적으로 말하자면, 기도는 우리의 영혼과 영적 실재이신 하나 님이 신비롭게/은밀히 만나는 행위(혹은 사건, event)요, 우리의 영(혼) 이 하나님의 영적 실재(reality), 혹은 하나님의 사랑의 힘에 사로잡히 는 행위며, 또한 우리의 영혼(속사람), 즉 우리의 전 존재와 인격이 하 나님께 접촉되고 동화(assimilated)되는 행위 또는 사건이라고 말할 수 있다. 그렇기 때문에 기도는 더없이 신비롭고 황홀하며 두렵고 감격 적인 사건이기도 한 것이다.

예수님은 바로 이러한 이유 때문에, 즉 기도의 신비성, 황홀성, 감격성, 은밀성, 곧 영성적 특성 때문에, 그리고 깊은 영적인 기도를 할 수 있기 위해, 즉 기도할 때에 어떠한 방해도 받지 않기 위해 골방 에 들어가 문을 닫고 기도하라고 말씀하신 것이다. 물론 오늘날 이 말 씀을 문자 그대로 해석해 꼭 골방에 들어가 기도할 필요는 없을 것이 다. 그러나 어디에서 기도하든지 기도는 은밀한 중에 계신 하나님, 즉 지극한 신비 속에 계신 하나님과의 영적인 만남과 교제의 시간(사건) 이라는 점을 명심해야 한다.

5. 하나님은 우리가 구하기 전에 아신다

예수님의 기도에 관한 교훈 중 우리가 이해하기 힘든, 즉 우리의 일반적 생각을 뛰어넘는 말씀이 있다. 하나님은 우리가 구하기 전에 이미 우리의 요구 사항을 다 알고 계신다는 말씀이다. 예수님은 이방인들의 잘못된 기도 태도인 중언부언하는 기도, 즉 의미 없이 말만 반복적으로 길게(오래) 하는 형식적인 기도를 경계하시면서 이렇게 말씀하셨다. "그러므로 그들을 본받지 말라. 구하기 전에 너희에게 있어야 할 것을 하나님 너희 아버지께서 아시느니라." (마 6:8)

이 말씀은 잘못 이해하면, 하나님은 우리에게 필요한 것을 미리 다 아시고 해결해 주시기 때문에 굳이 기도할 필요가 없다는 의미로 받아들일 수도 있다. 그러나 그런 의미가 결코 아니다. 물론 하나님은 전지전능하시기 때문에 우리의 사정을 모두 아신다. 그러나 그렇다고 해서 하나님은 우리가 구하지 않아도, 즉 기도하지 않아도 모든 것을 알아서 해결해 주신다는 뜻은 아니라는 것이다.

오히려 예수님의 이 말씀은 하나님께서는 우리의 형편과 처지, 곧 모든 사정을 아시기 때문에, 우리가 바르게 하나님의 뜻에 합당하게 기도해야 한다는 의미를 함축하고 있는 것이다. 우리는 하나님 앞에 아무것도 감출 수 없고 숨길 수도 없다. 왜냐하면 하나님께서는 우리의 깊은 속 비밀, 곧 생각과 마음의 비밀까지 모두 알고 계시기 때문이다. 그래서 시편 139편 기자는 일찍이 이렇게 읊조렸다.

여호와여 주께서 나를 살펴보셨으므로 나를 아셨나이다 주께서 나의 앉고 일어섬을 아시며 멀리서도 나의 생각을 밝히 아시오니 나의 모든 길과 내가 눕는 것을 살펴보셨으므로 나의 모든 행위를 익히 아시오니 여호와여 내 혀의 말을 알지 못하시는 것이 하나도 없으시니이다 …… 내가 하늘에 올라갈지라도 거기 계시며 스올에 내 자리를 펼지라도 거기 계시나이다 내가 새벽 날개를 치며 바다 끝에 가서 거기 거주할지라

도 거기서도 주의 손이 나를 인도하시며 주의 오른손이 나를 붙드시리
이다 …… 주에게서는 흑암이 숨기지 못하며 밤이 낮과 같이 비추오니
주에게는 흑암과 낮이 같음이니이다(시 139:1~12)

하나님이 우리가 구하기 전에 이미 우리에게 있어야 할 것을 아
신다는 예수님의 말씀은 바로 이 시편 기자의 말과 같이 하나님께서
는 우리의 속사정 일체를 아시고, 또한 우리에게 무엇이 정말 필요한
지를 알고 계신다는 의미다.

(1) 하나님은 우리에게 무엇이 필요한지를 아신다

우리는 영적인 무지 때문에 정말 내게 무엇이 필요한지를 알지
못할 때가 많다. 그래서 참으로 구하여야 할 바를 바로 알지 못하고
엉뚱한 것을 구하는 경우가 허다하다. 바로 이것이 문제다. 이는 어린
아이가 흉기를 보고도 그것이 위험한 것임을 알지 못하고 부모에게
사 달라고 졸라대는 행위와 같다. 따라서 기도할 때 중요한 것은 우리
에게 정말 필요한 것이 무엇인지를 먼저 아는 것이다. 왜냐하면 무엇
이 나와 내 가정과 내 자녀와 내 교회와 내 나라에 정말 필요한지를
알아야 바른 기도를 할 수 있기 때문이다. 영적인 사람은 자신에게 무
엇이 정말 필요하며, 무엇이 결핍되어 있는지를 아는 사람이다.

(2) 하나님은 우리 필요의 우선순위를 아신다

하나님이 우리가 구하기 전에 우리에게 있어야 할 것을 아신다는
예수님의 말씀은 하나님께서는 우리에게 무엇이 먼저 있어야 하고 무
엇이 나중에 있어야 하는지, 즉 우리의 필요와 요구의 우선순위를 알
고 계신다는 의미다. 우리가 기도할 때 가장 범하기 쉬운 오류는 내용

의 우선순위, 즉 먼저 구해야 할 것과 나중에 구해야 할 것의 순서를
모르거나 뒤바꾸는 일이다.

예를 들면 어떤 사람이 기도할 때에 하나님은 먼저 그의 믿음 없
음에 대한 회개를 원하시는데, 진지한 회개의 자세는 보이지 않고 다
만 물질적인 복이나 사업의 번창만을 구하는 것이 이런 경우다. 오늘
날 한국교회가 기도할 때 가장 주의를 기울여야 할 것이 바로 이 점이
라고 생각한다. 한국교회에 가장 필요하고 절실히 요구되는 것이 하
나님께서 보시기에는 그리스도인들과 교회 지도자들의 철저한 회개
운동과 겸손운동과 청빈운동인데도, 그러한 내용의 기도는 하지 않고
다른 것들만 구한다면 어떻게 되겠는가?

(3) 하나님은 우리의 마음속을 아신다

또한 하나님이 우리가 구하기 전에 우리에게 있어야 할 것을 아
신다는 말씀은 하나님은 우리의 외모가 아니라 중심을 보시는 분이기
에 우리가 무엇을 구하기 전에 우리 중심에 하나님을 경외하는 믿음
과 사랑하는 마음이 있는지, 그리고 이웃을 생각하는 마음이 있는지
를 보시며, 또한 그것을 알고 계신다는 뜻이다. 바꾸어 말하면, 하나
님은 우리가 무엇을 달라고 구하기 전에 먼저 우리 마음을 하나님께
드리고 하나님을 향하기를 요구하신다는 것이기도 하다. 시편 기자는
"여호와의 눈은 의인을 향하시고 그의 귀는 그들의 부르짖음에 기울
이시는도다. …… 여호와는 마음이 상한 자를 가까이하시고 중심으로
통회하는 자를 구원하시는도다(시 4:15, 18)." 또한 잠언서에는 이런 말
씀이 있다. "마음의 경영은 사람에게 있어도 말의 응답은 여호와께로
부터 나오느니라. 사람의 행위가 자기 보기에는 모두 깨끗하여도 여
호와는 심령을 감찰하시느니라."(잠 16:1, 2)

위의 말씀들에 비추어 보면, 우리가 기도할 때 먼저 생각해야 할 점, 곧 기도의 우선순위는 바로 우리 심령이 하나님 앞에 바로 서는 일, 즉 마음에 있는 모든 탐심과 거짓을 없애고 깨끗이 하는 일, 정직하고 의로운 삶을 사는 일, 그리고 하나님 앞에서 잘못과 부족함을 솔직히 인정하고 고백하며 통회하고 마음 아파하는 일이다. 왜냐하면 하나님은 우리의 요구에 앞서 우리에게 정말 무엇이 필요한지를 아시며, 또한 무엇이 먼저 필요한지, 즉 우선순위를 알고 계시기 때문이다.

그런 점에서 우리에게 가장 필요한 것, 가장 먼저 있어야 할 것은 바로 우리의 위선과 불경건과 믿음 없음/불신앙에 대한 회개와 통회하는 마음, 즉 상한 심령이라는 사실을 알게 된다. 따라서 우리는 기도할 때에 먼저 우리의 마음이 참으로 순수한 상태에 있는지, 즉 순수한 동기에서 기도하는지를 살피지 않으면 안 된다. 요컨대 기도할 때 우리에게 가장 먼저, 그리고 꼭 있어야 할 것은 바로 상한 심령, 깨끗하고(순수하고) 아름다운 심령, 하나님의 은혜와 돌보심에 대한 감사의 마음, 곧 하나님을 진정으로 사랑하고 흠모하는 마음이라는 것이다.

그러므로 우리가 참 기도자가 되기 위해서는 하나님이 우리에게서 가장 먼저 원하시고 가장 기뻐하시는 것이 무엇인지를 알아야 한다. 하나님께서 모든 것에 우선하여, 즉 모든 기도에 앞서 우리에게 요구하시는 것은 바로 우리의 겸손하고도 상한 심령, 깨끗하고도 진실한 심령, 그리고 우리의 영혼이 항상 하나님을 향하며 사는 것이다. 우리 주 예수님의 삶과 기도의 태도가 바로 그러했다. 그런 점에서 최상의 기도는 우리의 깨끗한 심령을 하나님께 드리는 일일 것이다.

그것이 바로 고대 교부들이 즐겨 시행한 '마음의 기도(prayer of the heart)'의 요체이며, 골방에 들어가 문을 닫고 기도하라는 예수님 말씀의 숨은 뜻이다. 하나님은 우리가 구하기 전에 우리에게 꼭 필요한 것과 그 우선순위를 다 아시기 때문에 먼저 깨끗하고 진실한 심령을 예비하고 그분을 향하기만 하면 되는 것이다. 우리가 이런 심령으로 살며, 이런 심령으로 기도할 때에 하나님께서 우리에게 필요한 것들을 아시고 그 순서에 따라 공급해 주시고, 또한 우리의 문제들을 하나하나 해결해 주실 것이다.

6. 먼저 그의 나라와 그의 의를 구하라

예수님의 기도에 관한 교훈에서 가장 주목해야 할 점은 기도(간구)의 우선순위를 분명하게 말씀해 주셨다는 사실이다. 즉 예수님은 무엇보다 가장 우선해야 하는 기도는 바로 하나님 나라의 도래와 하나님 의(공의)의 실현이라고 하신 것이다.

> 너희는 먼저 그의 나라와 그의 의를 구하라 그리하면 이 모든 것을 너희에게 더하시리라(마 6:33)

이는 종교인들이 빠지기 쉬운 개인주의, 집단이기주의, 배금주의, 기복신앙 등에 넘어지지 않게 하는 예방의 말씀이기도 하다. 이 말씀에 앞서 예수님은 보화를 땅에 쌓아 두지 말고 하늘에 쌓아 두라고 하셨으며, 또한 "너희 목숨을 위하여 무엇을 먹을까 무엇을 마실까 몸을 위하여 무엇을 입을까 염려하지 말라(마 6:19, 25)."고 당부하셨다. 그리고 바로 그 후에 하나님의 나라와 그의 의를 무엇보다 먼저 구하라고 하신 것이다.

물론 예수님은 인간의 일상생활에서 의식주의 문제가 얼마나 중요한지 알고 계셨다. 더욱이 예수님의 특별한 관심의 대상인 예수님 주변의 가난하고 소외된 사람들, 특히 당시의 이스라엘 백성처럼 강국의 점령 하에서 자유를 빼앗기고 여러 가지로 억압과 착취를 당하며 사는 사람들에게 의식주의 문제는 참으로 심각하고도 절실한 문제가 아닐 수 없었을 것이다. 그들에게는 하루하루 삶을 연명해 나가는 일이 생사의 터널을 지나는 것과 같이 고통과 염려의 연속이었을 것이다. 참으로 일용할 양식이 무엇보다도 절실한 삶이었을 것이다. 그리고 이런 그들의 형편을 예수님은 누구보다도 잘 알고 계셨을 것이다.

그런데도 예수님은 그들을 향하여 무엇을 먹을까 무엇을 마실까 무엇을 입을까 염려하지 말라고 하신 것이다. 그 이유는 무엇일까? 그것은 바로 하나님께서는 우리에게 필요한 일용할 양식, 곧 우리에게 꼭 있어야 할 것들과 또한 꼭 있어야 할 분량까지 모두 아시기 때문이라는 것이다. 그래서 예수님은 "너희 하늘 아버지께서 이 모든 것이 너희에게 있어야 할 줄을 아시느니라(마 6:32)."고 말씀하신 것이다.

이 말씀에서 우리는 무엇을 깨달아야 하는가? 그것은 바로 지나치게 욕심을 부려 하나님께 우리의 필요 이상을 요구해서는 안 된다는 사실이다. 그리고 특히 우리의 요구(기도)가 물질적인 것이나 나 자신의 영달이나 안위를 위한 것에 집중되거나 편중되어서는 안 된다는 것이다.

그러므로 이제 우리는 지금까지 우리의 기도가 얼마나 나 자신과 내 자식들, 그리고 내 교회에만 치중하고 집착했는지 반성해 보아야 한다. 물론 손이 안으로 굽는다는 우리 속담과 같이 나 자신의 시급한 문제들부터 기도하기가 쉬운 것이 사실이다. 그러나 예수님은 우리가 범하기 쉬운 과오, 즉 물질적인 것과 나 자신에게 치중하고 집착하는 것을 경계하게 하시고, 동시에 기도의 바른 방향을 말씀해 주신 것이다. "너희는 먼저 그의 나라와 그의 의를 구하라."

즉 예수님은 물질적인 것을 요구하는 기도 이전에 먼저 하나님 나라의 도래, 즉 이 땅 위에 하나님의 나라가 임하고 하나님의 뜻이 실현되는 일을 위해 기도할 것을 말씀하신 것이다. 왜일까? 그것은 바로 그 기도, 그 일이 나 자신과 우리 모두에게 모든 일보다 더 중요하고, 더 긴요하며, 더 절실하고, 더 복되며, 더 유익하기 때문이다. 곧 이 땅에 거짓과 위선, 부정과 부패, 분열과 다툼, 전쟁과 살육, 착취와 억압 등이 사라지고 그 대신 하나님의 공의와 사랑과 평화가 실현되는 일이 모든 일보다 중요하고 또한 모두에게 유익하기 때문이다. 그래서 우리 주님은 "너희는 먼저 그의 나라와 그의 의를 구하라."고 말씀하신 것이다.

영적인 사람은 어떤 사람인가? 자신의 안위를 위한 기도 대신에 남을 위한 기도, 이 땅에 많은 고통당하는 사람들을 위한 기도, 곧 하나님 나라의 실현을 위한 기도, 즉 하나님의 사랑과 공의와 평화의 실현을 위하여 간단없이 기도하는 사람이다. 우리가 이런 기도를 드릴 때 하나님은 우리에게 필요한 모든 것, 즉 우리 자신과 가정과 교회와 사회(나라)에 필요한 모든 것을 아시고 풍성하게 채워 주실 것이다. 그런 점에서 예수님의 기도에 관한 교훈은 바로 다음 말씀으로 요약된다고도 말할 수 있겠다.

너희는 먼저 그(하나님)의 나라와 그의 의를 구하라 그리하면 너희에게 필요한 모든 것을 더하여 주시리라(마 6:33)

2 장 | 주기도문의 영성

주기도문은 본래 예수님이 우리에게 주신 기도에 대한 교훈의 일환으로서, 하나님의 백성인 그리스도인들이 하나님께 드려야 할 가장 합당하고 온당한 기도, 즉 최상의 모범적 기도인 것이다. 그런 점에서 주기도문은 모든 기도의 궁극적 모형이며 표준이라고 말할 수 있다.

서론

주기도문의 중요성

예수님은 왜 우리에게 주기도문을 주셨으며, 주기도문에 내재된 영성적 의미는 무엇인가? 또한 오늘의 그리스도인들은 이 주기도문의 내용을 어떻게 이해해야 하며, 그리고 무엇을 깨달아야 하는가?

예수님은 산상수훈의 중심부에서 우리가 어떻게 기도해야 하는지, 즉 어떤 기도가 참된 기도이며, 어떤 것이 기도의 바른 자세인지에 대해 가르쳐 주셨다. 이것은 기도가 우리의 영성생활에서 얼마나 중요한지를 보여 주는 증거이기도 하다. 사도 바울은 소아시아에 있는 교인들에게 "쉬지 말고 기도하라(살전 5:17)."고 권고하였다. 신앙인은 매순간을 기도하는 마음으로 살아가야 함을 피력한 것이다. 그러나 안타깝게도 많은 이들이 여전히 어떻게 기도해야 할지, 또는 어떤 것이 바른 기도인지 잘 모르고 있는 것이 사실이다.

오늘날 세상에서 기도를 가장 많이 하는 종교인은 아마도 유대교인들과 특히 이슬람교도들일 것이다. 그들은 하루에 네 번씩, 아침 9시, 12시, 오후 3시와 6시에 기도한다. 길을 가다가도 그 시간이 되면 자리를 펴고 메카를 향하여 엎드려 기도를 한다. 필자가 1999년에 성지순례 길에 이스라엘 비행기를 타고 가게 되었는데, 동그랗고 까만 모자를 쓴 유대인들이 어느 시간이 되자 통로로 나와 고개를 앞뒤로 저으며 열심히 기도하는 것을 볼 수 있었다. 지난번 미국 뉴욕의 쌍둥

이 빌딩에 비행기로 자살테러를 감행한 테러범들도 이슬람 원리(근본)주의자들이었으니 아마도 범행 전에 열심히 기도했을 것이다. 그들의 기도는 어떤 내용이었을까? 테러가 성공하여 되도록 많은 사람들이 희생되어 세상이 깜짝 놀랄 수 있게 해 달라고 기도했을까? 과연 그런 기도를 바른 기도라고 할 수 있을까? 그러므로 기도를 하는 행위 자체가 중요한 것이 아니다. 기도를 하되 어떤 내용으로 어떻게 하느냐가 중요한 것이다.

1. 주기도문은 모든 기도의 표준이다

예수님은 바리새파 사람들의 잘못된 기도 태도를 지적하신 후 기도에 대한 중요한 교훈들을 주시고 나서, 기도의 한 모범으로 주기도문을 가르쳐 주셨다. 그런데 이렇게 귀중한 주기도문이 오늘날은 예배 때나 교회의 모임들에서 관습적으로 하는 형식적 기도가 되어 버린 감이 없지 않다. 하지만 주기도문은 이렇게 단순히 입으로만 되뇌는 기도가 되어서는 안 된다. 주기도문의 단어 하나하나 구절 하나하나에는 깊은 영성적 또는 신학적 의미가 담겨 있기 때문에, 그 의미들을 깊이 생각하면서 기도하지 않으면 안 되는 것이다.

예수님은 기도에 대한 교훈을 주심과 함께 기도의 한 모범(example), 또는 모형(model or pattern)으로 이 주기도문을 말씀해 주셨다. 누가복음(11:1)에 따르면 예수님의 제자 중 하나가 세례 요한이 기도를 가르쳐 준 것과 같이 자신들에게도 어떻게 기도해야 할지 가르쳐 달라고 요청했을 때, 예수님이 그에 대한 답으로 이 '기도문'을 주셨다. 그러므로 주기도문은 본래 예수님이 우리에게 주신 기도에 대한 교훈의 일환으로서, 하나님의 백성인 그리스도인들이 하나님께 드려야 할 가장 합당하고 온당한 기도, 즉 최상의 모범적 기도인 것이다. 그런 점에서 주기도문은 모든 기도의 궁극적 모형이며 표준이라고 말할 수 있다.

주기도문은 누가복음에 기록된 것과 마태복음에 기록된 것 사이에 약간의 차이가 있는데, 마태복음의 것이 표준 형식이 되었으므로 이를 중심으로 상고해 보려 한다. 먼저 우리가 행하고 있는 주기도문의 내용을 보자.

하늘에 계신 우리 아버지여, 이름이 거룩히 여김을 받으시오며, 나라이 임하옵시며, 뜻이 하늘에서 이룬 것같이 땅에서도 이루어지이다. 오늘날 우리에게 일용할 양식을 주옵시고, 우리가 우리에게 죄지은 자를 사하여 준 것같이 우리 죄를 사하여 주옵시고, 우리를 시험에 들게 하지 마옵시고, 다만 악에서 구하옵소서. 대개 나라와 권세와 영광이 아버지께 영원히 있사옵나이다. 아멘.

그러나 우리가 지금 사용하는 위의 주기도문은 원문에서 약간의 내용이 생략된 것이다. 본래의 희랍어 원문에 기초하여 그대로 번역해 보면 다음과 같다.

하늘에 계신 (하나님) 우리 아버지, 당신(아버지)의 이름이 거룩되게 하시며, 당신(아버지)의 나라가 오게 하시며, 당신(아버지)의 뜻이 하늘에서와 같이 땅에서도 이루어지게 하소서. 오늘 우리에게 일용할 양식을 주시고, 우리가 우리에게 잘못한 이들을 용서하였사오니, 우리의 잘못을 용서하옵소서. 우리를 유혹에 빠지지 않게 하시고, 우리를 악에서 건져 주소서. 당신(아버지)의 나라와 권능과 영광이 영원히 당신(아버지)의 것이옵니다. 아멘.

주기도문은 일곱 개의 청원 또는 간구들(Petitions)로 구성되어 있다. 앞부분의 세 청원은 하나님의 주권에 관계된 것들이고, 나머지 네 청원은 우리의 삶에 관계된 것들이다. 그리고 마지막은 하나님께 대한 송영으로 되어 있다. 그러면 이제 주기도문의 청원들 하나하나에 어떤 의미가 담겨 있는지 살펴보기로 하자.

주기도문의 시작

하나님을 부름

하늘에 계신 우리 아버지

주기도문은 하나님을 '부름(call)'으로 시작한다. 예수님은 기도할 때에 먼저 우리의 기도를 들으시는 주체(대상)인 하나님의 이름을 부르라고 말씀하셨다. 즉 "하늘에 계신 우리 아버지"로 시작하게 하셨다. 기도란 전적으로, 그리고 오직 하나님께, 하나님을 향하여 드리는 우리 마음의 표현인 것이다. 종종 하나님을 부르지 않고 기도하는 사람을 볼 수 있는데, 이것은 바른 기도의 태도가 아니다. 왜냐하면 기도는 자기 자신이나 주위의 사람들, 즉 청중을 향하여 하는 것이 아니라 전적으로 하나님을 향하여, 하나님께 드리는 것이기 때문이다. 그러므로 기도는 반드시 하나님을 부르는 것으로 시작해야 하는 것이다.

기도의 실패, 기도의 오류, 기도의 결함은 일방통행이다. 일방통행적 기도는 결국 자기 혼자 중얼거리는 독백으로 끝나게 된다. 기도자와 기도를 들으시는 분의 인격적-영적 관계의 성립 없는 기도, 즉 나 또는 우리 자신(혼자)만의 기도는 일방적 기도이며, 그런 점에서 이것은 참된 기도가 될 수 없다. 그러므로 기도는 반드시 우리의 기도를 들으시는 대상(주체)을 전제해야 하며, 따라서 먼저 그분의 이름을 불러야 하는 것이다.

하나님은 영적 실재이시기 때문에 우리가 기도를 큰 소리로 하든지, 작은 소리로 하든지, 또는 마음속으로 하든지 다 듣고 아신다. 그래서 예수님은 "하나님은 너희가 구하기 전에 너희에게 무엇이 있어야 하는지를 아신다."고 말씀하셨다. 따라서 모든 기도는 먼저 우리의 기도를 들으시는 하나님을 생각해야 하며, 또한 우리의 마음과 영혼이 그분을 향하고 그분께 집중해야 하며, 그러기 위해서는 먼저 그분의 이름을 불러야 하는 것이다.

어떤 의미에서는 지존자, 즉 지극히 거룩하고 존귀하신 '하나님 아버지'의 이름만을 불러도 훌륭한 기도가 될 수 있다. 왜냐하면 하나님은 우리가 구하기 전에 이미 우리의 필요와 간구할 내용, 그리고 우리의 마음과 영혼의 깊은 속까지 다 알고 계시기 때문이다.

우리가 하나님의 이름을 겸허하고도 진실한 마음으로 부를 때, 하나님과의 인격적/생명적 관계가 성립되며, 이런 관계가 성립되어야 참다운 기도가 될 수 있는 것이다. 기도자와 기도를 들으시는 하나님의 인격적 관계가 없는 기도는 참다운 기도가 아니며, 그런 기도는 일종의 독백이나 허공을 치는 기도로 그칠 수 있다. 오늘 우리가 이런 허공에서 흩어지는 기도만을 되풀이하고 있지는 않은지 반성해 보아야 한다.

예수님이 주기도문에서 먼저 하나님의 이름을 부르게 하신 것은 바로 기도의 본질이 하나님과의 인격적 또는 영적인 만남, 대화, 사귐의 관계로 들어가는 일이기 때문이다. 하나님과의 영적인 교제나 사귐으로 들어가기 위해서는 먼저 우리의 기도를 들으시는 주체, 곧 하나님의 이름을 부름으로 그분과 '나와 당신'의 영적-인격적 관계(I and Thou Relation)를 형성해야 하는 것이다. 그러므로 기도할 때 먼저 하나님의 성호를 부르는 것은 필수적 요소요, 절대적으로 중요한 것이다.

예수기도(Jesus Prayer)

고대의 사막의 교부들이나 동방교회는 주기도문 외에 '예수기도
(Jesus Prayer)'라는 기도를 했다. '예수기도'란 "주 예수 그리스도여,
이 죄인을 불쌍히 여기소서."라는 짤막한 기도인데, 이 기도의 특색은
'예수 그리스도'라는 거룩한 이름을 수십 번, 수백 번, 수천 번, 수만
번 계속 부름으로써, 예수님이 내 마음에 성령과 함께 찾아오심으로
그분과 하나가 되는 신비의 경험으로 들어가게 하는 것이다. 동방교
회의 수도사인 디아도쿠스(Diadochus)는 기도할 때, 단 한 마디 '주 예
수'이외에는 아무것도 말하지 말라고까지 하였다. 이 '예수기도'의
특징은 바로 거룩한 분의 이름을 반복하여 부름으로써, 그분과의 깊
은 인격적-영적인 관계 속으로 들어가게 하는 데 있다.

예수님이 주기도문에서 맨 먼저 하나님 아버지의 이름을 부르게
하신 것도 바로 이런 의미에서다. 주기도문의 첫 마디인 하나님의 이
름을 '예수기도'의 형식에 응용하면 "하나님 아버지, 이 죄인을 불쌍
히 여기소서." 또는 "하나님 아버지, 저에게 자비를 베푸소서."라고
바꾸어 볼 수 있다. 그리고 더 간략하게 요약하여 "하나님 아버지"를
반복적으로 부르면서 기도할 수도 있을 것이다.

하나님의 초월성과 내재성

그런데 예수님은 하나님을 부를 때 "하늘에 계신 우리 아버지"라
고 하게 하셨다. 여기에는 매우 깊은 뜻이 함축되어 있다. 이것은 예
수님의 신관, 즉 그의 하나님관을 표현하는 구절이기도 하다. '하늘에

계신' 이란 하나님의 초월성, 영원성, 무한성, 불가해성, 절대성 등을 의미하며, '아버지' 또는 '아빠' 란 하나님의 내재성, 친근성, 자비성, 인격적 관계성 등을 의미한다. 즉 주기도문에서 '하늘에 계신 아버지' 란 이러한 하나님의 양면성(dual aspects)을 표현하는 것이다.

한편 예수님이 주기도문 서두에서 언급하신 '하늘' 이란 단지 저 푸른 하늘, 창공을 의미하는 것이 아니다. 왜냐하면 이것은 장소적(공간적) 의미로 쓰인 단어가 아니기 때문이다.

여기서의 '하늘' 은 바로 하나님의 존재성인 '영원성(eternity)' 과 '무한성(infinitude)' 을 드러내는 말이다. 즉 우리가 측량할 수 없는 세계, 그 크기와 넓이를 상상할 수도 없는 무한한 세계를 의미하는 것이다. 그러므로 '하늘에 계신 하나님' 이란 우리가 가까이 다가갈 수 없는 하나님, 무엇이라 측량할 수도 없고 상상할 수도 없는 하나님의 절대성, 즉 절대 타자성(absolute otherness)과 불가해성(inconceivability), 그리고 불가지성(unknowability)을 드러내는 말이다. 사도 바울은 하나님의 존재의 신비와 불가해성에 대해 이렇게 묘사했다.

깊도다 하나님의 지혜와 지식의 풍성함이여 그의 판단은 헤아리지 못할 것이며 그의 길은 찾지 못할 것이로다 …… 이는 만물이 주에게서 나오고 주로 말미암고 주에게로 돌아감이라 그에게 영광이 세세에 있으리로다(롬11:33, 36)

'하늘에 계신 하나님' 은 영원 속에 계신 하나님이시기 때문에 유한한 인간의 이성으로는 파악할 수도 없고, 인간의 말이나 생각이나 상상력으로 표현할 수도 없으며, 짐작할 수도 없는 분이다. 구약 욥기

서의 주인공 욥은 자기가 하나님을 누구보다도 잘 믿고 또한 잘 안다
고 생각했었다. 그러나 큰 시험과 시련을 통하여 영의 눈을 뜨고 나서
는 하나님이 너무도 크시고 너무도 장엄한 신비 속에 계신 분임을 깨
달아 다음과 같이 고백할 수밖에 없었다.

> 주께서는 못 하실 일이 없으시고 못 이루실 것이 없는 줄 아오니 무지
> 한 말로 이치를 가리는 자가 누구니이까 나는 깨닫지 못한 일을 말하였
> 고 스스로 알 수 없고 헤아리기도 어려운 일을 말하였나이다 …… 그러
> 므로 내가 앞에서 한 말을 거두어들이고 티끌과 재 가운데서 회개하나
> 이다(욥 42:3~6)

하나님은 유한한 미물인 인간의 이성으로는 감히 짐작도 할 수
없이 크신 분이며, 다만 경외의 대상일 따름이다. 하나님과 우리의 거
리와 차이는 창조자와 피조물의 거리요 차이다. 그 간격은 우리로서
는 상상조차 할 수 없다. 그래서 사도 바울은 하나님과 인간의 차이를
옹기장이와 그가 만든 옹기그릇에 비유했다. 무한한 상상력과 사색의
능력 및 미적 감각을 지닌 옹기장이와 아무런 능력이나 감각도 없는
옹기그릇의 차이는 질적인 차이, 곧 무한한 차이인 것이다.

이처럼 창조주이신 하나님과 피조물인 우리 사이에는 무한한 거
리가 있는 것이다. 그러므로 하나님을 생각하거나 대할 때, 우리는 먼
저 두렵고 떨리는 '경외(awesome)'의 심정으로 해야만 한다. 또한
"하늘에 계신"이라고 주기도문을 시작할 때, 먼저 지존자이신 하나님
을 생각하고 옷깃을 여미며 지극히 겸허하고 경건한 마음으로 돌아와
야 한다.

한편 예수님은 주기도문 서두에서 하나님을 "우리 아버지"라고 부르게 하셨다. 하나님을 '아버지'라고 부르게 하신 것은 하나님이 우리가 상상할 수도 없는 절대 초월의 세계, 즉 영원무궁한 신비 속에 감추어 계신 하나님이실 뿐만 아니라, 동시에 우리와 아주 가까이, 그리고 우리와 함께 계시는 지극히 인자하신 하나님이심을 가르쳐 주신 것이다.

예수님이 이 세상에 오신 목적, 즉 하나님의 말씀이 인간의 역사 안에 화육되어 우리와 같은 인간이 되신 것은 하나님이 지극히 거룩하고 엄위하신 '초월적(transcendental)' 하나님이실 뿐 아니라, 우리와 항상 함께 계시고, 가장 가까이 계시며, 또한 우리의 사정을 다 알고 돌보아 주시는 자비와 인자의 하나님이심을 나타내려 하신 것이다. 이것이 바로 하나님의 '내재성(immanence)', 곧 '임마누엘'의 하나님을 의미하는 것이다. '임마누엘'이란 하나님이 우리와 함께 계신다는 뜻이다. (마 1:23)

그러므로 하나님은 지극히 높은 곳에 계실 뿐 아니라 동시에 언제나 우리와 함께 계시고, 우리 안에 계시며, 또한 이 우주 안 어디에나 계시는 하나님이신 것이다. 이러한 내재의 하나님, 임마누엘의 하나님에 대해 구약의 시편 23편 기자는 "여호와는 나의 목자시니 내게 부족함이 없으리로다. 그가 나를 푸른 초장에 누이시며 쉴 만한 물가로 인도하시는도다."라고 노래했다.

예수님의 복음의 핵심(중심)은 특히 하나님의 내재성에 관한 것이라고 말할 수 있다. 예수님은 자신을 포도나무에, 하나님을 그 포도나무를 가꾸어 열매를 맺게 하는 '농부(요 15:1)'에 비유하셨으며, 집을 뛰쳐나가 받은 재산을 탕진하고 방황하다 가련한 모습으로 돌아온 아들을 환대하는 인자한 아버지에 비유하셨고(눅 15:11~32), 또한 공중 나는 새들을 먹이시고, 들판에 자라는 식물(풀과 꽃)들을 아름다운 옷 으로 입히시는 분으로 설명하기도 하셨다.

이런 말씀들은 우주 만물과 함께하시는 하나님의 내재성에 관한 비유들이다. 사도 바울은 에베소서 4장 6절에서 "하나님도 하나이시 니 곧 만유의 아버지시라. 만유 위에 계시고 만유를 통일하시고 만유 가운데 계시도다."라고 말하여 하나님의 내재성에 대한 예수님의 사 상을 뒷받침하였다.

예수님은 하나님을 특히 '아빠(Abba)'라고 부르셨다. '아빠'란 어린아이가 아버지를 부를 때 쓰는 표현으로, 어떠한 다른 생각이나 수식어도 끼어들 수 없는 가장 단순하고도 직접적이며 순수한 표현이 다. 이것은 하나님과 예수님 사이의 '아버지와 아들'의 관계와 같은 본질적인 일치(essential unity)의 긴밀한 관계를 나타내는 표현이다. 예 수님이 하나님을 부를 때 아빠라는 표현을 쓰신 것은 그의 신관, 즉 하나님 인식의 독특성을 드러내는 것이며, 동시에 기독교 신관의 가 장 뚜렷한 '특성(uniqueness)'을 나타내는 것이다.

이것은 한마디로 인간과 만유 안에 내재하시는 하나님, 곧 인간 과 만유에 대한 하나님의 친근성과 내재성 및 긴밀한 관계성을 나타 내는 말이다. 아버지 또는 아빠로서의 하나님은 우리 안에 계시며, 우 리와 '나(우리)와 당신(I and Thou)'의 친밀한 인격적 관계를 맺게 하시 는 하나님이신 것이다.

14세기 독일의 신비 신학자이며 도미니크 수도회의 최고 책임자 였던 마이스터 에크하르트(Meister Eckhart)는 하나님이 우리와 얼마나 가까이 계시는지에 대해 언급하며 "하나님은 우리가 우리 자신에게 가까운 것보다 더 우리에게 가까이 계신 분이다(God is nearer to us than that we are near to ourselves)."라고 하였는데, 그 이유는 하나님이 모든 존재의 근원이실 뿐 아니라 '존재 그 자체(Being Itself)'이시므로 언제나 우리 안에 계시고 우리와 함께 계시기 때문이라고 설명하였다.

예수님은 주기도문에서, 자신이 하나님을 부를 때 쓰는 '아빠'라는 호칭을 우리도 사용하게 하신 것이다. 왜냐하면 우리도 그를 통해 거룩하신 하나님의 사랑스런 백성과 자녀들이 되었기 때문이다. 그러므로 우리도 당당하게 하나님을 아빠라고 부르며 기도할 수 있다. 즉 예수님이 주기도문에서 우리에게 하나님을 아빠라고 부르게 하신 것은 예수님 자신이 하나님을 아빠라고 부르는 것과 같은 하나님과의 긴밀한 관계 속에서 기도하라는 말씀인 것이다. 즉 우리가 하나님을 아버지 또는 아빠라고 부를 때, 하나님은 바로 우리 안에 계시고 또한 우리 앞에 계셔서, 우리의 기도를 들으시고 우리의 영혼을 어루만져 주시며 우리를 위로하시고 힘 주시며 우리 영혼에 생기와 빛을 불어 넣어 주시는 것이다.

이 세상에 존재하는 많은 종교들이 신의 존재를 말하며, 또한 신의 초월성과 내재성을 가르친다. 그런데 그들 대부분은 그 둘, 즉 신의 초월성과 내재성 중 어느 한쪽에 치중하지 양쪽을 조화롭게 강조하는 경우는 매우 드문 것 같다. 반면 예수님이 가르쳐 주신 "하늘에 계신 우리 아버지"라는 표현에서는 바로 이 하나님의 초월성과 내재성이 어느 한쪽으로의 치우침 없이 조화롭게 균형을 이룬다.

따라서 우리는 주기도문에서 경외의 대상인 저 높이 초월해 계신 신비의 절대자 하나님과 함께, 우리와 온 우주 만물에 지극히 가까이 계시는 사랑의 하나님을 동시에 만날 수 있다. 그런 점에서 "하늘에 계신 우리 아버지"라는 이 두 마디만으로도 훌륭한 기도가 될 수 있는 것이다. 또한 이 두 마디 안에 예수님의 신관, 곧 그의 하나님 인식의 전부와 그의 복음의 핵심이 다 담겨 있다고도 말할 수 있겠다.

첫째 간구

하나님 경외

당신의 이름이 거룩되게 하시며

주기도문은 모두 일곱 개의 청원들(간구들, Petitions)로 구성되어 있는데, 앞부분의 세 청원은 하나님께 관계된 것이고, 나머지 네 청원은 우리 자신과 관계된 것이다. 이것은 십계명의 앞부분 네 계명이 하나님과 관계된 것이고, 나머지 여섯 계명이 우리 인간들과 관계된 것과 아주 흡사하다.

주기도문의 첫째 청원(간구)은 하나님의 이름이 거룩히 여김을 받게 해 달라는 기도다. 희랍어 원어로는 '하기아스테토 토 오노마 수(hagiastheto to onoma sou)'이며, 이는 '당신의 이름을 다른 모든 이름과 구별(성별)되도록 섬기게 하옵소서.'라는 뜻이다. 새 번역은 이를 "아버지의 이름을 거룩히 받들게 하옵소서."라고 옮겼고, 공동번역은 "온 세상이 아버지를 하나님으로 받들게 하시며"로 의역한 것이 흥미롭다.

'하나님, 당신의 이름이 거룩하게 빛나도록 받들게 하옵소서.'라는 기도는 하나님의 백성(자녀), 곧 하나님을 믿는 신앙인의 가장 겸손하고 또한 가장 기본적이며 중요한 기원이다. 왜냐하면 피조물인 인간이 창조주이신 하나님의 이름을 높이 받드는 일은 가장 당연하고도 또한 합당한 일이기 때문이다.

하나님은 우리 인생들과 우주 만물의 창조주시고 주관자시며 보호자이시기 때문에 그에 합당하게 높여지고 경배되며 신성시되어야 한다는 뜻이다. 따라서 하나님의 이름이 사람(나 자신을 포함하여)에 의해 어떤 식으로든 함부로 쓰이거나 남용되거나 오용되어서는 안 된다. 특별히 그분의 이름을 욕되게 해서는 결코 안 되는 것이다.

우리는 주위에서 하나님의 이름을 너무나 경망스럽게 함부로 입에 올리는 경우를 많이 본다. 또한 하나님을 마치 자기 개인이나 가정, 사업체를 지켜 주는 경호원이나 수호신이나 복주머니처럼 생각하고, 그 이름을 함부로 부르거나 아무 데나 갖다 붙이는 이들을 목격한다. 그러나 우리는 하나님의 이름을 부를 때, 매우 신중을 기해야 한다. 왜냐하면 하나님의 이름은 그렇게 함부로 부를 이름이 아니며, 또한 우리의 그런 행위들이 자칫 잘못하면 하나님 이름의 존귀성을 손상시키거나 그분의 영광을 가리는 결과가 될 수 있기 때문이다. 그래서 일찍이 십계명의 세 번째 계명에서 "너는 너의 여호와의 이름을 망령되이 일컫지 말라. 나 여호와는 나의 이름을 망령되이 일컫는 자를 죄 없다 하지 아니하리라."고 경계해 주신 것이다.

하나님의 이름은 무엇을 의미하는가? 하나님의 이름은 곧 하나님 자신을 의미하는 것이다. 동양 사회에서는 공통된 사실이지만, 특히 이스라엘 사회에서는 사람의 이름은 곧 그 사람의 '품격(integrity)'을 나타낸다. 고로 하나님의 이름이란 곧 하나님 자신을 지칭하는 것이다. 구약성서에는 하나님의 이름이 크게 두 가지로 나타나 있다.

하나는 창세기 1장에서 하나님에 대한 보통명사로 쓰인 '엘로힘(elohim)'이고, 다른 하나는 하나님에 대한 특수명사로 쓰인 '여호와

(Jehovah)’ 또는 ‘야훼(Yahweh)’ 다. ‘여호와’ 와 ‘야훼’는 단지 발음상의 차이일 뿐 본래 같은 단어다. 아가페 성구 사전에 따르면 하나님을 ‘여호와’로 표현한 것이 약 7천 회이고, ‘엘로힘’으로 표현한 것이 4천 회 정도다. 그런 면에서 성경은 하나님에 관한 책, 하나님의 이름에 관한 책이라고 말할 수 있다. 특히 창세기 1장에 나오는 ‘엘로힘’ 하나님은 태초에 말씀으로 천지를 창조하신 하나님이시다. 따라서 ‘엘로힘’ 하나님은 우주 만물의 창조주이며, 만유의 주재(주인)이시다.

한편 ‘여호와(야훼)’는 하나님에 대한 특수 명칭으로서 ‘스스로 있는 자’, 즉 ‘자존자(自存者, I am that I am)’라는 뜻이다. 출애굽기 3장에는 ‘여호와(야훼)’라는 하나님의 명칭에 대해 다음과 같이 기록되어 있다.

> 모세가 하나님께 아뢰되 내가 이스라엘 자손에게 가서 이르기를 너희의 조상의 하나님이 나를 너희에게 보내셨다 하면 그들이 내게 묻기를 그의 이름이 무엇이냐 하리니 내가 무엇이라고 말하리이까 하나님이 모세에게 이르시되 나는 스스로 있는 자니라 또 이르시되 너는 이스라엘 자손에게 이같이 이르기를 스스로 있는 자가 나를 너희에게 보내셨다 하라(출 3:13~14)

여기에 언급된 ‘스스로 있는 자’란 하나님은 어떤 외부적인 원인(cause)이나 요인들(elements)에 의해 존재하는 피동적-의존적 존재가 아니라 스스로 존재하시는 자로서, 이 세상의 모든 피조물과 전적으로 구별되는 ‘절대자(the Absolute)’ 또는 ‘절대 타자(the Wholly Other)’

라는 뜻이다.

하나님의 절대 타자성에 대한 견해는 고대의 교부들을 비롯한 영성가들이나 중세교회의 신비가들, 그리고 특히 14세기의 신비 신학자 마이스터 에크하르트, 종교개혁자 마틴 루터, 그리고 현대 신학자 칼 바르트에 이르기 까지 끊임없이 그 맥이 이어져 왔다.

그러나 자존자시며 절대 타자이신 '여호와(야훼)' 하나님은 이 세계 우주 만물과 완전히 단절되어 있는 무심한 하나님이 아니라 자비와 긍휼의 하나님으로서, 모든 피조물을 돌보시며 특히 인간(이스라엘 백성)의 고통의 소리를 들으시고 스스로 자비의 손을 펴시며 구원의 길로 인도하시는 구원자 하나님이심을 성경은 분명하게 증언한다. 이 깊은 진리를 분명하게 증거하는 것이 바로 성경의 근본 메시지이며, 또한 예수님의 복음의 핵심 내용이다. 이 점에 대해 시편 23편 기자는 "여호와는 나의 목자시니 내게 부족함이 없으리로다."라고 노래했으며, 다른 시편 저자는 "여호와 하나님은 졸지도 아니하시고 주무시지도 아니하신다(시 121:4)."라고 비유적으로 서술하였다.

예수님이 주기도문에서 "당신(아버지)의 이름이 거룩히 여김을 받으시오며"라고 기도하게 하신 것은 바로 창조의 은혜를 입은 우리 인생들이 창조주 하나님께 합당한 '대우(예우)', 곧 창조주 하나님이 받으셔야 할 '영광'을 그대로 돌려드려야 함을 의미한다. 루터나 칼빈 등 종교개혁자들은 인생의 궁극적인 목적이 '오직 하나님께 영광을 돌리는 일(soli deo gloria)'이라고 굳게 믿고 또한 그것을 강조했다.

특히 마틴 루터는 자신의 종교개혁운동의 모토를 '하나님을 하나님 되게(Let God be God)'라고 내걸었다. 그 이유는 하나님을 하나님 되게 해 드리는 것이 바로 우리 인생, 특히 하나님의 자녀인 그리스도인의 마땅한 도리이며 참 신앙의 행위라고 보았기 때문이다. 하나님을 하나님 되게 해 드리는 일은 바로 하나님이 받으셔야 할 영광을 하나님께 돌려드리는 일을 의미한다. 그에 따르면 하나님이 받으셔야 할 영광을 인간이 가로채는 일이 가장 큰 죄이며 가장 큰 불신앙의 행위다.

요컨대 주기도문의 '하나님의 이름을 거룩하게 하는 일'이란 바로 하나님이 받으셔야 할 영광을 하나님께 돌려드리는 것을 의미하는 것이다. 루터가 종교개혁을 감행한 가장 큰 이유는 당시의 교회들이 하나님께 돌려드려야 할 영광을 중간에서 가로채고 있었기 때문이었다. 교회의 부패와 타락이란 바로 이런 것을 말하는 것이다. 하나님께서 마땅히 받으셔야 할 영광을 인간이 가로채거나 누리는 행위는 하나님이 가장 기뻐하시지 않는 일임을 알아야 한다. 왜냐하면 그것은 하나님을 하나님으로 경외하지 않는 행위이며, 따라서 가장 불신앙적인 행위이기 때문이다.

그런데 안타깝게도 이것이 인간의 속성이기도 하다. 아담의 타락은 이처럼 하나님의 영광을 자신이 누려 보고자 하는 교만한 생각과 불신앙적인 마음(유혹)에서 비롯되었다. 우리는 매일의 삶에서 이런 유혹을 끊임없이 받는다. 하나님의 영광을 조금이나마 취해 보고자 하는 유혹, 자기를 높이고 과시해 보고자 하는 유혹이 항상 우리를 에워싸고 우리 영혼 속에서 속삭인다. 이런 것들은 결국 나를 넘어지게 하고 우리 교회들을 병들고 부패하게 하는 가장 위험한 유혹들이다.

하나님의 영광을 인간이 탈취해 누리는 행위, 하나님이 가장 기뻐하지 아니하시는 이런 불신앙의 행위를 오늘의 우리 교회들, 특히 한국의 교회들과 교회 지도자들이 범하고 있는 것은 아닌지, 그래서 교회들을 병들게 하고, 침체의 늪에 빠지게 하며, 사람들과 사회로부터 외면당하게 하고 있지는 않은지 깊이 반성해야 한다. 예수님이 주기도문에서 "당신의 이름이 거룩히 여김을 받으시오며"라고 기도하게 하신 것에는 마땅히 하나님이 받으셔야 할 영광을 피조물인 인간이 취하지 말고 창조주이신 하나님께 돌려드리라는 강한 뜻이 함축되어 있는 것이다.

따라서 우리가 주기도문에서 "당신의 이름이 거룩히 여김을 받으시오며"라고 기도할 때, 먼저 우리 자신이 하나님의 영광을 가로채는 행위를 하고 있지는 않은지, 그리고 하나님께 돌려드려야 할 영광을 온전하게 돌려드리고 있는지를 되돌아보아야 한다. 그러면 하나님의 이름을 거룩하게 하는 일이란 구체적으로 어떤 것이며, 어떻게 하는 것이 하나님께 영광을 돌려드리는 일인가?

바른 예배를 통해

하나님의 백성(자녀)이 하나님께 영광을 돌리고 그분의 이름을 거룩하게 하는 가장 직접적이고도 중요한 일은 바로 온 정성을 다해 하나님께 예배드리는 것이다. 예배(worship)란 하나님의 이름이 거룩히 여김을 받도록 하나님께 경배하는 인간의 가장 지고한 영적 의식이다. 예수님은 "하나님은 영이시니 예배하는 자가 신령과 진정으로 예배할지니라."고 말씀하셨다.(요 4:24)

하나님은 거룩한 영적 실재이시므로 그분께 합당한, 그분의 거룩함에 합당한 영적이고도 진실한 예배를 드려야 한다는 것이다. 왜냐하면 하나님은 '영(Spirit)'이시기에 우리의 외모를 보시지 아니하고 우리의 중심, 곧 내면을 보시기 때문이다. 그러므로 예배의 가장 중요한 요소는 우리의 신실한 믿음(마음)과 순수한 영혼에서 우러나오는 하나님께 대한 감사와 찬양과 경배다.

우리가 교회에 가는 것은 하나님께 예배드리기 위함이지 목사의 설교를 듣고 성가대의 찬양을 들으러 가는 것이 결코 아님을 명심해야 한다. 따라서 예배의 모든 순서는 하나님의 영광을 드러내고 그분께 영광을 돌리는 일에 집중되어야 한다. 그래서 시편 기자는 이렇게 읊었다.

> 할렐루야 그의 성소에서 하나님을 찬양하며 그의 권능의 궁창에서 그를 찬양할지어다 그의 능하신 행동을 찬양하며 그의 지극히 위대하심을 따라 찬양할지어다 …… 호흡이 있는 자마다 여호와를 찬양할지어다(시 150:1~6)

요컨대 예배는 창조주 하나님께서 받으셔야 할 영광을 그분께 돌려드리고, 그분의 이름을 거룩하게 하는 일이다. 즉 예배란 창조주요 구원자이신 하나님의 은혜를 찬양하고 그분의 이름을 높이며 그분께 경배하는 행위라는 뜻이다. 그런 면에서 예배는 피조물인 인간이 창조주이신 하나님께 드리는 가장 합당하고 근본적인 영적 행위이며, 또한 믿음의 행위라고 말할 수 있다.

따라서 참된 예배는 오직 하나님께 영광을 돌리는 예배다. 만일 그렇지 않고 인간들이 영광을 누리며 자신들을 즐겁게 하는 자기자랑과 자기도취와 자기만족의 행위로 끝난다면 그것은 참된 예배라고 결코 말할 수 없다. 따라서 예배의 중심을 이루는 설교나 기도, 찬양 모두가 하나님의 영광을 드러내는 일이 되어야 한다. 기복신앙의 오류와 문제점은 바로 예배의 목적을 하나님께 영광을 돌리는 데 두지 않고, 궁극적으로 인간의 자기영달과 물질적인 복에 둔다는 점이다.

한편 예배는 다만 교회 안에서만 행해지는 것이 아니라 성도의 삶 전체를 통해 행해져야 한다. 가정이나 직장, 그 외 어디에서나 우리가 하나님께 감사를 드리고, 그분의 은혜를 찬양하며, 그분께 영광을 돌리면 그것이 바로 예배인 것이다. 믿음의 조상 아브라함은 갈대아 우르에서 가나안 땅 브엘세바에 이르기까지 그 머나먼 여행길 도처에서 제단을 쌓고 하나님께 예배를 드렸으며, 야곱은 도피하는 와중에서도 하나님께 예배드리는 것을 잊지 않았다.

하나님의 백성인 그리스도인의 삶은 그 전체가 하나님의 이름을 높이고 그분의 영광을 드러내는 예배가 되어야 한다. 왜냐하면 우리 주님 예수 그리스도의 삶이 바로 그런 삶이었기 때문이다. 예수님이 주기도문에서 "당신의 이름이 거룩히 여김을 받으시오며"라고 기도하게 하신 것은 바로 그리스도인의 삶 전체가 하나님의 영광을 드러내는 예배의 삶이 되어야 함을 내포하는 것이다. 왜냐하면 하나님의 이름을 높이고 그분의 영광을 드러내는 일이 하나님의 자녀들이 감당해야 할 가장 큰 의무요, 가장 합당한 일이기 때문이다.

은혜에 대한 감사를 통해

또한 하나님의 이름을 높이고 그분께 영광을 돌리는 일은 바로 하나님이 우리에게 베푸신 은혜를 깊이 깨닫고 느끼며 감사하는 일이다. 우리의 감사를 통해 하나님의 이름이 높여지며 그분이 영광을 받으실 수 있는 것이다. 감사는 창조주 하나님께 대한 피조물의 가장 마땅한 표현이다. 왜냐하면 우리는 창조주 하나님께 생명을 부여받고, 또한 하루하루 순간순간 그분의 도움(은혜)을 받아 살아가고 있기 때문이다. 그러므로 "하나님의 이름이 거룩히 여김을 받으시오며"라는 기도는 하나님이 우리 인생과 온 우주 만물의 창조주이시라는 사실을 인정하고, 그분이 베푸신 모든 은혜에 감사해야 함을 의미하는 것이다.

사도 바울은 로마서에서, 하나님은 그의 창조를 통해 자신을 분명하게 나타내 보여 주셨으므로 인간은 마땅히 창조주 하나님께 영광을 돌리고 그분께 감사해야 한다고 말하고, 동시에 창조주의 은혜를 망각하고 감사하지 아니하는 것은 그분께 대한 가장 큰 불경의 행위이며 가장 큰 죄임을 역설하였다.

> 하나님의 진노가 불의로 진리를 막는 사람들의 모든 경건하지 않음과 불의에 대하여 하늘로부터 나타나나니 이는 하나님을 알 만한 것이 그들 속에 보임이라 하나님께서 이를 그들에게 보이셨느니라 창세로부터 그의 보이지 아니하는 것들 곧 그의 영원하신 능력과 신성이 그가 만드신 만물에 분명히 보여 알려졌나니 그러므로 그들이 핑계치 못할지니라 하나님을 알되 하나님으로 영화롭게도 아니하며 감사하지도 아니하고 오히려 그 생각이 허망하여지며 미련한 마음이 어두워졌나니(롬 1:18~21)

우리에게 생명을 주시고, 공기와 물과 태양빛을 공급해 주시며, 모든 산천초목의 아름다움을 보게 하시고, 그들과 친구로 살게 하시며, 또한 그들을 통해 일용할 양식을 주시는 하나님께 깊이 감사하며 사는 일이 바로 창조주 하나님의 이름을 높이고 그분께 영광을 돌리는 일이다. 요컨대 하나님의 이름을 거룩하게 하는 일은 궁극적으로는 하나님을 창조주로 인정하고 고백하며 감사하는 것이다.

성도의 진실하고 아름다운 삶을 통해

하나님의 이름을 높이고 그의 이름을 거룩하게 하는 또 하나의 중요한 일은 성도가 하나님의 자녀다운 진실하고 아름다운 삶을 사는 것이다. 하나님 백성의 아름답고 진실한 말과 행동과 삶이 우리를 창조하시고 이 땅에 살게 하시는 창조주 하나님의 이름을 높이고 그분께 영광을 돌리는 일이 되는 것이다.

우리의 언행과 삶이 진실하고 아름다워질 때, 우리의 영적 아버지이신 하나님의 이름이 높여지고 그분이 영광을 받으시는 것이다. 그러기 위해서는 먼저 우리 자신이 하나님과 사람들 앞에서 거짓 없는 진실한 사람(존재)이 되어야 한다. 좋은 나무가 좋은 열매를 맺듯이 선하고 아름다운 행실은 우리가 하나님과 사람들 앞에서 참으로 선하고 진실한 사람이 될 때 가능하기 때문이다.

그럼 하나님 앞에서 진실한 사람이 되는 길은 무엇인가? 그것은 우리 인간의 '원형(original form)'인 '하나님의 형상(image of God)'을 온전히 지닌 예수 그리스도를 통해 거짓된 옛 사람을 벗고 새사람으로 거듭남으로, 하나님의 형상(진, 선, 미, 애, 영성)을 회복한 영적인 사람이 됨으로써 가능한 것이다. 이것이 바로 진정한 신앙인이 되는 일이다. 다시 말해 우리가 진정한 신앙인, 곧 하나님이 기뻐하시는 하나님의 참 백성이 되는 것이 바로 하나님의 이름을 드높이고 그분의 이름을 거룩하게 하는 첩경인 것이다.

그러므로 우리가 "하나님의 이름이 거룩히 여김을 받으시오며"라고 기도하는 것은 '하나님, 우리로 하나님의 신실한 자녀(백성)가 되게 하옵소서.'라고 기도하는 것과 같은 의미가 된다. 우리가 하나님의 참 백성, 곧 진실한 성도가 될 때 우리에게서 영적인 빛(향내)이 발산되며, 그 빛으로 인해 어두운 세상이 밝아지고, 그렇게 될 때 우리 아버지 하나님의 이름이 높여지고 그분께 영광이 돌려지게 되는 것이다.

교부 이레니우스(Irenaeus)는 성도의 진실한 삶, 곧 하나님 앞에서 진실하게 사는 일이 바로 하나님께 영광을 돌리는 일이며, 그것이 바로 하나님을 뵈옵는 일이라고 했다. 성도의 이 세상에서의 진실한 삶이 곧 하나님께 영광을 돌리며 그분의 이름을 존귀하게 하는 일이 되는 것이다.

우리의 언행과 삶은 두 갈래로 갈라진다. 즉 우리의 말 한 마디, 행동 하나하나에서, 교회뿐 아니라 가정이나 직장, 기타 모든 사회생활에서, 사람들을 대하는 태도와 대화의 내용 하나하나에서, 특별히 하나님을 믿지 않는 사람들을 대하는 태도와 그들과 나누는 말 하나하나에서 하나님의 영광을 드러내고 그분의 이름을 높이느냐, 아니면 그분의 영광을 가리고 그 이름을 욕되게 하느냐가 갈라지는 것이다.

그런 점에서 그리스도인의 삶은 언제나 이 갈림길에 서 있다고 할 수 있다. 즉 하나님의 영광을 드러내느냐 아니면 가리느냐, 하나님의 이름을 드높이느냐 아니면 욕되게 하느냐의 갈림길이다.

예수님은 바로 이 갈림길에서 언제나 하나님의 영광을 드러내는 길을 가셨고, 또한 우리에게 그 길로 따라오라고 말씀하신다. 그리스도인의 진실하고 아름다운 삶과 부드럽고 친절한 미소와 언어는 타인의 마음에 하나님의 평화와 사랑을 전달하고 그 불씨를 심어 주는 일이 되는 것이다. 그런 점에서 그리스도인의 진실한 삶은 하나님의 영광을 드러내고 그분의 이름을 드높이는 매우 중요한 수단이 됨을 알 수 있다.

따라서 우리가 주기도문에서 "당신의 이름이 거룩히 여김을 받으시오며"라고 기도하는 것에는 결국 '하나님, 우리의 삶을 통해, 또한 우리의 말과 행동들을 통해 당신의 영광을 드러내게 하시며, 동시에 우리의 언행 하나하나와 우리의 삶 전체가 당신의 사랑과 평화를 타인에게 나타내고 전달하는 도구가 되게 해 주십시오.' 라고 기도하는 적극적인 의미가 들어 있는 것이다.

성도의 아름답고 진실한 삶은 마치 한 송이 아름다운 꽃이 활짝 피어 사방에 향내를 발하는 것과 같이 주위 사람들에게 하나님의 사랑과 평화의 향기와 빛을 발하게 되는 것이다. 성 프랜시스는 자신의 삶이 하나님의 사랑과 평화를 전하는 도구가 되게 해 달라고 기도했다. 그런 점에서 그의 '평화의 기도'는 주기도문의 "당신의 이름이 거룩히 여김을 받으시오며"의 의미를 매우 잘 드러내는 기도라고 할 수 있겠다.

주여, 나를 평화의 도구로 써 주소서!
미움이 있는 곳에 사랑을, 상처가 있는 곳에 용서를
분열이 있는 곳에 일치를, 의혹이 있는 곳에 믿음을 심게 하소서.

오류가 있는 곳에 진리를, 절망이 있는 곳에 희망을
어둠이 있는 곳에 광명을, 슬픔이 있는 곳에 기쁨을 심게 하소서.
위로받기보다는 위로하고, 이해받기보다는 이해하며
사랑받기보다는 사랑하며, 주님을 온전히 믿음으로
영생을 얻기 때문이오니,
주여, 나를 평화의 도구로 써 주소서!

하나님의 나라

당신의 나라가 임하옵시며

　주기도문의 두 번째 청원은 "당신(아버지)의 나라가 임하옵시며", 즉 하나님의 나라에 관한 것이다. 이는 우리가 살고 있는 이 지상에 '하늘나라', 곧 '천국'이 임하고 이 땅에 '하나님의 나라(the Kingdom of God)'가 실현되게 해 달라는 기도다. 어떤 의미에서, 이 땅에 '하나님의 나라'가 도래하게 해 달라는 이 기도는 주기도문의 중심 내용이라고 말할 수 있다. 왜냐하면 예수님의 선교 사역의 중심 내용, 곧 그의 복음의 핵심이 '하나님의 나라', 곧 '천국'에 관한 것이기 때문이다.

　또한 이 기도에는 교회의 참 사명과 그리스도인의 삶의 궁극적 목표와 의미가 담겨 있기도 하다. 왜냐하면 그리스도인의 삶의 의미와 교회의 존재 이유는 바로 예수님이 시작하시고 전개하신 이 땅에 하나님의 나라를 실현시키는 일에 동참하고 기여하는 데서 찾을 수 있기 때문이다. 마가복음 1장 15절을 보면, 예수님의 복음 사역의 제일성은 "때가 찼고 하나님의 나라가 가까이 왔으니 회개하고 복음을 믿으라."였으며, 팔복을 비롯한 산상수훈의 중심 내용과 또한 여러 비유들을 포함한 그의 교훈들이 모두 이 '하나님 나라', 곧 '천국'에 관한 것들이었다. 그래서 복음서 기자들은 예수님이 전파하신 교훈의 말씀을 '천국 복음' 이라고 명명한 것이다.

예수님은 자신이 하나님 나라 실현을 위해 이 세상에 오신 것을 선언하심과 동시에, 인간이 어떻게 그 천국을 소유하고 또한 그 곳에 들어갈 수 있으며, 어떻게 하나님 나라를 이 땅에 실현시키며 확장시킬 수 있는지 그 길(방법)에 관해서도 말씀해 주셨다. 그러므로 천국은 이미 예수 그리스도에 의해 시작되었고, 그가 선포한 말씀(복음)과 그가 세운 교회, 그리고 그의 제자들인 성도들에 의해 지금도 계속해서 실현되고 확장되어 가고 있는 것이다.

예수님은 천국 실현의 사명을 하나님께로부터 부여받고 이 세상에 오신 분이며, 따라서 예수 그리스도는 천국으로의 길이요 문이며, 또한 천국 실현의 열쇠라고 말할 수 있다. 그런 점에서 기독교는 예수 그리스도와 함께 그를 중심점으로 해서 이 땅에 하나님의 나라, 곧 천국을 실현시키며 확장해 가는 종교라고 말할 수 있다. 따라서 그리스도인과 교회의 궁극적인 사명과 존재 이유는 바로 이 땅에 하나님의 나라를 실현하고 확장해 가는 이 숭고한 일에 동참하고 기여하는 데서 찾아야 하는 것이다.

하나님의 나라는 어떤 나라인가?

예수님이 우리에게 기도하도록 가르쳐 주신 주기도문 중 "당신의 나라가 임하옵시며"에서 '당신의 나라(thy Kingdom)' 란 어떤 나라를 의미하는 가? 그것은 바로 예수님이 선포하고 실현시키려 하신 그 '하나님의 나라', 곧 '천국'을 의미한다.

그런데 '하나님 나라'와 '천국'은 어떤 차이가 있는가? 마태복음에는 주로 '천국', 곧 '하늘나라'로 표현된 반면에 마가복음과 누가복음에는 주로 '하나님의 나라'로 표현되었다. 그러나 내용 면에서 볼 때는 같은 의미로 사용되었음을 알 수 있다. 복음서에 나타난 '천국', 즉 예수님이 선포하고 실현시키고자 하셨던 '하나님 나라'는 지상에 있는 어떤 최고의 복지국가나 지상천국과 같은 인간세계의 '이상향(Utopia)'을 의미하는 것이 아니라, 이 세상 만물의 창조자시요 주인이신 하나님이 주인이 되어 통치하시는 특이한 나라를 뜻하는 것이다.

따라서 '하나님 나라'는 지상에 있는 어떤 강대하고 부유한 나라와 같은 영토적인 개념의 나라가 아니라, 영적 실재이신 하나님이 직접 통치하시는 세계 또는 영역으로서, 시간과 공간의 제한을 뛰어넘는 초시간적이고 초공간적인 세계이며, 좀 더 정확하게 말하자면 진리(의)와 사랑이신 하나님의 뜻이 실현된 세계로서, 하나의 영적인 세계를 의미하는 것이다. 그렇기 때문에 예수님은 "하나님 나라는 볼 수 있게 임하는 것이 아니며, 또한 여기 있다 저기 있다고도 못하리니 천국은 곧 너희 안에 있느니라."고 말씀하신 것이다.

다시 말하면 '천국', 곧 '하나님의 나라'는 인간의 최고의 윤리적 규범이나 법으로 다스려지는 어떤 나라가 아니라, 하나님의 주권이 확립된 영역으로서 하나님의 사랑과 의와 평화가 온전히 실현된 세계(the Kingdom of God is a world of God's rule filled with God's love, justice, and peace)를 의미한다. 왜냐하면 하나님은 사랑의 하나님, 의(진리)의 하나님, 그리고 평화의 하나님이시기 때문이다.

따라서 하나님의 주권이 확립되기 위해서는 하나님의 사랑과 의와 평화로 충만해야 하는 것이다. 즉 하나님의 사랑과 의와 평화로 다스려지는 곳, 다시 말하면 하나님의 사랑과 의와 평화가 충만한 세계가 바로 천국이라는 말이다. 그런 점에서 '사랑'과 '의(진리)'와 '평화'는 하나님 나라의 3대 구성 요소라고 말할 수 있다. 예수님이 이 땅에 임하게 하고 실현시키려 하신 천국, 곧 하나님의 나라는 바로 이러한 특이한 영적인 의미의 나라, 곧 하나님의 사랑과 의(진리)와 평화로 가득한 나라를 의미한다.

예수님은 바로 이러한 나라를 이 땅에 실현시키려고 천국 복음을 선포하셨고, 제자들을 선택하여 훈련시키셨으며, 그들의 공동체인 교회를 세우신 것이다. 그런 점에서 그리스도인과 교회는 바로 예수님의 이 천국 사역에 부름 받은 자들이라고 말할 수 있다.

예수님이 주기도문에서 "당신의 나라가 임하옵시며"라고 기도하게 하신 것은 다른 말로 하면, 예수님 자신이 전개하신 이 천국 사역이 하나님의 은혜로 활발하게 촉진되어 약육강식(弱肉强食)의 싸움과 분쟁과 갈등이 그칠 날 없는 이 땅에 하루속히 하나님의 사랑과 의와 평화로 충만한 하나님의 나라가 실현되게 해 달라고 기도하게 하신 것이다.

그런데 이러한 하나님의 나라가 이 땅에 쉽게 실현될 수 있을까? 그리고 이 나라는 인간의 노력만으로 성취시킬 수 있을까? 이 두 질문에 대한 대답은 '아니오'다. 왜냐하면 우리가 사는 이 세상은 인간의 이기심과 탐욕, 무지와 함께 악의 세력들이 너무도 광범하고 깊게 퍼져 있으며 또한 지배하고 있기 때문이다.

따라서 인간의 노력만으로는 이 큰 과업을 수행할 수가 없다. 그래서 예수님은 주기도문에서 하나님의 은혜로 하루속히 이 땅에 하나님의 나라가 임하게 해 달라고 기도하게 하신 것이다. 그러므로 이 간구에는 '오 하나님, 우리 인간들의 힘만으로는 너무도 부족하오니 당신의 자비와 권능과 은혜로 어서 속히 이 땅에 당신의 사랑과 의와 평화로 충만한 나라, 곧 천국이 임하게(실현되게) 해 주십시오.' 라는 기도가 담겨 있는 것이다.

천국은 어디에, 누구에게?

그러면 "당신의 나라가 임하옵시며"는 도대체 하나님의 나라, 곧 천국이 어디에, 그리고 누구에게 임하게 해 달라는 기도인가? 사실 이 기도에는 천국이 어디에, 누구에게 임하게 해 달라는 것인지 구체적으로 명시되어 있지 않다. 그런 만큼 이 기도의 범위는 매우 포괄적이고 광범위하다고 말할 수 있다.

즉 하나님의 나라가 임하게 해 달라는 이 기도는 그 범위와 대상이 무제한(limitless)이라는 의미다. 다시 말하면 이 기도는 하나님의 나라가 어느 특정한 장소나 특정한 사람에게 임하게 해 달라는 것이 아니라는 말이다. 그러면 도대체 어디를 말하는 것일까? 하나님의 나라가 어디에, 누구에게 임하게 해 달라는 기도일까?

사실 하나님의 나라가 임해야 할 곳은 맨 먼저 나 자신의 마음속이다. 다른 사람이 아닌 바로 나의 마음에 하나님의 나라가 임해야 하는 것이다. 예수님은 분명히 "하나님 나라는 너희 안에 있느니라."고 말씀하심으로, 하나님의 나라는 먼저 우리의 마음의 천국에서 시작되어야 함을 암시해 주셨다.

그러므로 "당신의 나라가 임하옵시며"라는 기도에는 '내 마음에 하늘나라가 임하옵소서.'라는 뜻이 함축되어 있는 것이다. 즉 이 기도는 바로 '내 마음속에 있는 모든 미움과 탐심과 교만한 생각과 또한 모든 고독과 근심과 번뇌를 물리쳐 주시고, 하나님의 사랑과 진리와 평화로 가득 채우셔서 내 마음이 곧 천국이 되게 하옵소서.'라는 기도와 같은 의미인 것이다. 왜냐하면 우리의 마음은 쉴 새 없이 사악하고 방자하며 허탄한 생각들로 유혹당하거나 침식당하기 쉽기 때문이다.

우리 마음은 종교개혁자 칼빈이 말한 것과 같이 쉴 새 없이 걱정과 근심거리들을 생산해 내는 공장과도 같다. 따라서 우리는 매일 매 순간 하나님께 먼저 우리 마음에 하나님의 나라, 곧 천국이 임하게 해 달라고 기도해야 하는 것이다.

그러면 하나님의 나라는 나 외에 또 누구에게 임해야 하는가? 사실 하나님의 나라는 나를 포함해 누구에게나 또한 이 지상 어디에나 임해야 한다. 왜냐하면 이 세상 모든 사람이 빈부귀천과 남녀노소를 불문하고 깊은 고독을 느끼며 또한 생의 무거운 멍에를 멘 채 살아가고 있기 때문이다. 그래서 예수님은 이 세상 모든 사람을 향하여 "수고하고 무거운 짐 진 자들아, 다 내게 오라. 내가 너희를 쉬게 하리라."고 말씀하셨다. 이는 바로 모든 사람에게 하나님의 나라, 곧 천국의 복을 누리게 해 주시겠다는 약속의 말씀인 것이다.

그러므로 "당신의 나라가 임하옵시며"라는 기도는 누구에게나, 즉 이 세상 모든 사람에게 해당되는 것이다. 따라서 이 기도의 대상, 곧 하나님의 나라가 임해야 할 곳은 바로 나와 내 사랑하는 자녀와 형제와 친구와 이웃뿐만 아니라 모든 소외되고 억눌린 사람들, 병상에서 신음하는 사람들, 감옥에서 통한의 나날을 보내는 사람들, 온갖 종류의 불구자들과 지체장애인들, 그리고 저 멀리 아프리카를 비롯한 세계 도처에서 가난과 질병으로 고통당하는 사람들과 또한 지금 이 시간에도 전쟁의 참화를 겪고 있는 사람들에게도 해당되는 것이다.

뿐만 아니라 하나님 나라의 도래는 인간뿐 아니라 심지어 이 세상 만물에게까지 해당된다. 왜냐하면 사도 바울의 말과 같이 만물, 곧 자연도 하나님의 사랑과 보호를 받아야 할 피조물이며, 또한 그들(자연)도 탄식하며 구원받은 하나님의 자녀들이 나타나기를 기다리고 있기 때문이다. 사도 바울의 다음 글은 바로 이 점을 말해 준다.

피조물이 고대하는 바는 하나님의 아들들이 나타나는 것이니 피조물이 허무한 데 굴복하는 것은 자기 뜻이 아니요 오직 굴복케 하시는 이로 말미암음이라 그 바라는 것은 피조물도 썩어짐의 종노릇 한 데서 해방되어 하나님의 자녀들의 영광의 자유에 이르는 것이니라 피조물이 다 이제까지 함께 탄식하며 함께 고통을 겪고 있는 것을 우리가 아느니라 (롬 8:19~22)

내가 가장 사랑하는 사람이나 또한 내 자녀를 위한 최상의 기도는 무엇일까? 그것은 바로 그들에게 천국의 기쁨, 곧 하나님의 나라가 임하게 해 달라는 기도일 것이다. 왜냐하면 천국은 이 세상의 어떠한 성공이나 출세나 명예보다도 고귀하고 좋은 것이기 때문이다. 즉 이 세상의 성공이나 출세나 명예는 일시적이고 가변적이며 상대적인 것이지만 하나님의 나라, 곧 천국은 한번 얻으면 영원하고 불변하며 또한 아무도 빼앗아 갈 수 없는 것이기 때문이다.

그러므로 우리 자녀나 친지나 이웃을 위한 최상의 선물, 최상의 선, 최상의 기도는 바로 그들에게 천국이 임하게 해 달라는 이 기도, 즉 "당신의 나라가 임하옵시며"인 것이다. 이와 같이 "나라가 임하옵시며"는 가장 좁게는 나 자신의 마음에서 시작하여 넓게는 이 세상 모든 사람에게까지 해당되고 심지어는 온 우주 만물까지도 아우르는 기도로서, 가장 미세하고 구체적이면서도 또한 가장 광범위하고 포괄적인 기도가 되는 것이다. 그런 점에서 이 기도는 하나의 '우주적인 기도(universal prayer)'라고 말할 수 있다.

우리의 기도는 대부분 나와 내 자녀와 내 교회에 집중되어 있다. 그런 점에서 우리의 기도는 여전히 이기적인 기도의 범위를 벗어나지 못하고 있다. 그러나 예수님이 가르쳐 주신 이 기도, 즉 "아버지의 나라가 임하옵시며"는 이기적인 우리 기도의 좁은 틀을 깨뜨려 주는 것이다. 나 밖의 사람들, 나와 관계가 없는 사람들에게로까지 기도의 범위를 확대시켜 주는 것이다. 심지어 이 기도는 나와 적대 관계에 있는 사람들, 즉 나와 원수지간인 사람들에게까지 해당된다.

예수님은 자신을 십자가 죽음으로까지 내몬 사람(원수)들의 잘못을 용서해 달라고 하나님께 기도하셨다. 그런 점에서 "나라가 임하옵시며"라는 기도는 이 세상 모든 사람에게 하나님의 나라가 임하게 해 달라는 의미가 담겨 있는 것이다. 그렇기에 이 기도는 진정한 의미의 이타적인 기도이며, 동시에 예수님의 사랑의 정신이 담겨 있는 참 그리스도인의 기도라고 말할 수 있다. 예수님은 우리에게 바로 이러한 기도를 하게 하신 것이다. 따라서 우리는 이 기도를 통해 기도의 범위를 나 자신에서 나 이외의 사람들에게로 확대해 가는 법을 배워야 한다.

성도의 삶과 하나님의 나라: 신인 협동론

이 세상에 교회는 왜 존재하며, 이 세상에서 그리스도인과 교회가 해야 할 일은 무엇인가? 그리고 우리의 전도나 선교의 궁극적 목적은 무엇인가? 그것은 바로 이 세상 모든 사람에게 천국 복음을 통하여 구원받음(천국)의 기쁨을 누리게 하며, 그들로 하나님의 백성이 되게 하여, 그들의 삶과 활동을 통하여 이 땅에 하나님의 나라가 임하게 하기 위해서인 것이다.

이것은 바로 주기도문의 두 번째 간구인 "당신의 나라가 임하옵시며"를 성취시키는 일이다. 많은 목회자들과 교인들이 교회의 일차적인 목표를 교인 수를 늘리고, 교회 건물을 크게 세우며, 교회 재정을 증가시키고, 프로그램을 다양하게 해서 사람들의 흥미와 관심을 끌어 보다 많은 사람들을 참여시키는 데 둔다. 또 그러기 위해서는 수단과 방법을 가리지 않는다. 그래서 교인 쟁탈전까지 서슴지 않는다.

그러나 이런 것들은 하나님 선교의 부차적인 목표들, 좀 더 정확히 말하자면 도구적이며 수단적인 목표들에 불과한 것이다. 선교, 곧 교회의 궁극적인 목표는 바로 각 사람의 마음속에, 그리고 이 땅에 '하나님의 나라'가 임하게 하고 천국을 실현시키는 데 있는 것이다. 이것이 바로 예수 그리스도가 전개한 복음 선교였다.

그러면 우리는 어떻게 이 땅에 하나님의 나라를 임하게 하고 천국을 실현시킬 수 있는가? 우리가 어떻게 이 세상, 곧 물질만능주의, 극도의 세속주의, 감각적 쾌락주의, 개인주의 및 집단(또는 지역)이기주의, 소비지상주의와 상업주의가 팽배하고, 권력과 군사력 지상주의가 각각의 사회뿐만 아니라 세계 전체를 지배하며, 빈부의 격차가 나

날이 심화되고, 자연은 끝도 없이 오염되고 황폐화되어 가는 오늘의 이 세계를 변화시켜 하나님의 사랑과 공의와 평화가 강과 같이 흐르는 세상이 되게 할 수 있을까? 하나님의 자녀들과 교회의 힘과 소리는 이 거대한 세상에 비해 너무나 미약하고 무력한 것은 아닐까?

이러한 때에 교회와 그리스도인들마저 세상의 흐름에 영합하고, 그 장단에 맞춰 춤을 추며, 부화뇌동한다면 어떻게 되겠는가? 교권주의, 교파주의, 분열주의, 여흥주의, 명예주의, 과시주의가 오늘의 우리 교회와 교회 지도자들의 마음을 사로잡고 있는데, 과연 이러한 상태로도 우리는 이 땅에 천국이 임하게 하며 하나님의 나라를 실현시키는 사명을 온전히 감당할 수 있을까?

바로 여기에, 즉 오늘의 이러한 현실에, 주기도문의 두 번째 청원인 "아버지의 나라가 임하옵시며"가 절실히 요청되는 것이다. 이 기도의 근저에는 인간 힘의 한계에 대한 자각이 깔려 있다. 즉 우리의 힘만으로는 부족하다는 것을 알기에 그 너머에 존재하는 하나님의 특별한 은총과 능력의 개입을 청원하는 것이다. '하나님, 우리의 힘은 너무도 미약하고 하잘것없으며, 반대로 이 세상 악의 세력은 너무도 강하오니, 당신의 크신 능력으로 이 세상을 변화시켜 주시고 당신의 나라가 속히 실현되게 하옵소서.'

그러나 이런 기도를 드릴 때, 우리는 바로 우리 자신이 이 땅에 하나님 나라를 임하게 하는 일에 적극적이어야 함을 깨닫게 된다. 따라서 우리가 "당신의 나라가 임하옵시며"라고 기도할 때, 이 기도에는 '하나님, 우리로 당신의 나라가 이 땅에 임하게 하는 일에 힘쓰게 하시고, 우리와 우리 교회들이 이 땅에 당신의 나라를 임하게 하는 일에 가장 유용한 도구가 되게 하옵소서.'라는 적극적인 청원이 들어 있는 것이다.

왜냐하면 하나님의 은총은 우리의 믿음과 순종의 응답을 요청하며, 하나님 능력의 개입은 하나님의 은총에 대한 우리의 응답의 노력을 통해 실현되고 역사하는 것이기 때문이다. 바로 여기에서 신인 협동론(divine-human synergism)이 등장하게 된다. 신인 협동론이란 바로 하나님 은총(능력)의 개입(시행)은 인간의 응답과 합력(협동)하여 역사한다는 원리를 말한다. 그러므로 우리가 "당신의 나라가 임하옵시며"라고 기도하는 것에는 '우리로(나와 우리 교회들이) 하나님의 나라가 이 땅에 임하게 하는 일을 말로만이 아니라 실제로 올바르게 하게 하옵소서.' 라는 적극적인 뜻이 담겨 있는 것이다.

따라서 우리가 "당신의 나라가 임하옵시며"라고 기도하는 것은 곧 '주여, 오늘도 우리의 언행과 삶을 통하여 당신의 나라가 이 땅에 임하게 하는 일을 열심히 하게 하옵소서.' 라고 기도하는 것과 같은 것이다. 그리스도인의 존재 이유와 삶의 진정한 가치와 의미는 무엇이며 어디에 있는가? 그것은 바로 이 땅에 하나님의 나라를 임하게 하고 확장시키는 일에 참여하고 기여하는 것이다.

그러므로 "당신의 나라가 임하옵시며"라는 기도와 함께 우리는 한순간의 쉼도 없이 하나님의 사랑과 의와 평화 증진을 위해 생각하고, 일하며, 힘써야 한다. 즉 그리스도인은 예수님이 전개하신 하나님 나라운동, 즉 하나님의 사랑운동, 진리(의 또는 정의)운동, 평화운동을 전개해야 하는 것이다. 그런 점에서 예수님의 하나님 나라운동은 이 세 가지, 즉 하나님의 사랑운동, 진리(공의)운동, 평화 운동으로 요약된다. 물론 이들은 분리될 수 없을 만큼 서로 밀접하게 연결되어 있다.

한편 예수님은 특히 평화운동의 중요성을 다음과 같이 말씀하셨다. "화평케 하는 자(평화를 위하여 일하는 자, 즉 하나님의 평화운동을 전개하는 자)는 복이 있나니 저희가 하나님의 자녀라 일컬음을 받을 것임이요." 이 말씀은 세계가 종교, 문화, 인종, 피부색, 지역, 빈부의 격차 등으로 반목과 대립의 혼란을 겪고 있는 오늘날 하나님의 백성에게 주어진 사명, 즉 하나님의 평화운동의 중요성을 환기시킨 것이라고 사료된다.

따라서 오늘 이 갈등과 대립의 시대에 교회와 그리스도인들은 우리 사회와 세계(인류) 평화를 위해 어떻게 행동하고 말해야 하는지를 깊이 생각해야 한다. 우리의 온화한 미소와 친절한 말 한 마디 행동 하나가 하나님의 사랑과 의(진리)의 표현이 되고 하나님의 평화의 매개체가 될 때, 그것은 깊은 의미를 지니게 되는 것이다.

그러므로 그리스도인 삶의 하루하루 순간순간은 결코 무의미한 것이 아니다. 거기에는 매우 귀중한 가치가 있다. 왜냐하면 하나님의 자녀인 그리스도인의 삶은 바로 이 땅에 하나님의 사랑과 진리(의)와 평화를 증진시키고, 그리하여 나 자신과 내 가정, 내가 속한 작은 공동체로부터 하나님의 나라가 실현되고 확장되는 일에 관계되어 있기 때문이다. 또한 그리스도인의 생각하는 일이나 말하는 일이나 행동하는 일 모두가 하나님 나라 실현을 위한 수단이기 때문이다.

따라서 교회와 그리스도인, 즉 하나님의 백성은 한시도 중단함 없이 예수님이 전개하신 하나님 나라의 3대 운동, 즉 사랑운동, 진리(의)운동, 평화운동을 전개하여야 하며, 또한 그 일에 모든 수고와 노력을 기울여야만 한다. 하나님의 자녀들은 자나 깨나 이것을 생각하고 꿈꾸며 마음에 그리는 동시에 실행할 수 있어야 한다. 우리의 생각과 말과 행동 하나하나, 그리고 삶의 과정 전체가 하나님 나라의 실현과 확장을 위한 도구가 되게 하는 일이 바로 예수의 영성의 핵심이며, 또한 그것이 하나님이 기뻐하시는 이 세대 그리스도인의 진정한 영성적 삶인 것이다.

그런 점에서 주기도문의 "당신의 나라가 임하옵시며"는 오늘의 교회들이 진정한 영적인 교회들이 되고, 그리스도인들이 영적으로 살아 있는 진정한 하나님의 자녀로 그에 합당한 삶을 살게 해 달라는 기도와 같은 의미인 것이다.

셋째 간구

하나님의 뜻

아버지의 뜻이 이루어지이다

주기도문의 세 번째 간구는 "하나님의 뜻이 하늘에서 이루어진 것같이 땅에서도 이루어지이다." 이다. 그런데 이는 두 번째 간구인 "당신의 나라가 임하옵시며"와 밀접하게 관계되어 있다. 왜냐하면 하나님의 뜻이 하늘에서 이루어진 것같이 땅에서도 이루어지는 일은 결국 이 땅에 하나님의 나라가 온전히 실현되는 일이기 때문이다. 그런 점에서 세 번째 간구는 두 번째 간구의 구체적 표현이라고 할 수 있다.

앞에서도 언급한 바와 같이 천국, 곧 하나님의 나라는 하나님의 사랑과 의와 평화가 온전히 실현된 나라로서, 모든 사람이 하나님이 주시는 참 평화와 기쁨과 자유와 평등과 만족을 누리며, 또한 참 구원의 환희와 복을 누리는 나라다. 그런 점에서 하나님의 나라는 바로 하나님의 우주 만물과 인류의 창조 목적과 구원(완성)의 계획이 온전히 실현된 세계라고 바꾸어 말할 수 있다.

따라서 하나님의 뜻이 이 땅에도 이루어지게 해 달라는 기도는 바로 하나님의 전 인류에 대한 구원 계획과 창조의 목적이 온전히 실현되고 완성되게 해 달라는 기도가 되는 것이다. 그렇기에 이 기도는 그리스도인의 가장 근본적이고 긴요하며 또한 가장 중요한 기도라고 말할 수 있다.

우리는 주기도문의 세 번째 간구인 "당신의 뜻이 하늘에서 이루어진 것같이 땅에서도 이루어지이다."를 다음과 같은 세 가지 주제로 나누어 생각해 보아야 한다.

(1) '하나님(당신)의 뜻'의 의미, (2) '하늘에서 이루어진 것같이'의 의미, (3) '땅에서도 이루어지이다'의 의미. 우리가 이 세 번째 간구를 바로 하기 위해서는 위의 세 가지 의미를 바로 알지 않으면 안 된다. 즉 '하나님의 뜻'은 어떤 것이고, '하늘에서 이루어진 것같이'란 무슨 의미이며, '땅에서도 이루어지이다'에는 어떤 뜻이 담겨 있는지를 알아야 이 기도의 참뜻을 바로 이해할 수 있다는 말이다.

만일 우리가 하나님의 뜻을 바로 알지 못한다면 이 기도는 내용이 없는 기도, 막연한 기도, 아니면 허공을 치는 기도가 될 수밖에 없는 것이다. 그러므로 이 기도를 바로 하기 위해 우리는 먼저 하나님의 뜻이 어떤 것인지를 알아야 한다.

하나님의 뜻과 예수님의 삶

"하나님의 뜻이 하늘에서 이루어진 것같이 땅에서도 이루어지이다." 이 기도를 좀 더 쉽게 풀어 설명하자면, 하나님의 뜻이 하늘나라에서 완전하게 실현된 것처럼 우리가 살고 있는 이 세상, 곧 인류의 역사 속에서도 완전하게 실현되게 해 달라는 것이다. 참으로 장엄한 내용의 기도가 아닐 수 없다.

그러면 하나님의 뜻은 무엇이고, 우리는 하나님의 그 뜻을 어떻게 알 수 있으며, 또한 "하나님의 뜻이 하늘에서 이루어진 것같이"란 무슨 뜻이고, 거기에는 어떤 의미가 담겨 있는가? 이 세상에서 하나님의 뜻을 바로 깨닫고 이해하며 그 뜻대로 사는 일이 그리스도인의 신앙의 궁극적인 목표요, 또한 그것이 바로 참 신앙의 내용이라고 할 수 있다.

그런데 우리는 하나님의 뜻을 어떻게 알 수 있으며, 어디에서 발견할 수 있는가? 하나님의 뜻을 발견할 수 있는 첩경은 성경 말씀이다. 넓은 의미로 하나님의 뜻은 성경 말씀 전체에 들어 있다고 할 수 있다. 왜냐하면 성경은 하나님의 뜻이 여러 저자들에 의해 계시(체험)되고 기록된 책(말씀들)이기 때문이다.

우리가 성경을 상고하는 이유는 그 속에서 하나님의 뜻을 깨달아 알기 위함이다. 즉 그리스도인들은 나와 우리 교회와 내 민족과 전 인류를 향한 하나님의 뜻을 알기 위해 하나님의 말씀인 성경을 열심히 읽고 상고해야 한다. 우리가 성경을 통해 이 시대와 나를 향한 하나님의 뜻을 알아차리지 못한다면 성경을 올바로 깨달았다고 말할 수 없는 것이다.

그러나 이 세상에서 하나님의 뜻을 가장 확실하고 분명하게 알 수 있는 것은 바로 길이요 진리이신 예수님의 말씀과 그의 삶을 통해서다. 예수님이 이 세상에 오신 가장 중요한 목적은 이 땅의 모든 사람을 하나님께로 인도하여 죄악의 세력으로부터 구원을 받고 하나님의 참 자녀가 되게 함으로써 하나님의 뜻을 바로 알게 하고, 또한 그들을 통하여 이 땅에 하나님의 뜻을 성취하고 실현시키기 위함이다.

내가 하늘에서 내려온 것은 내 뜻을 행하려 함이 아니요 나를 보내신
이의 뜻을 행하려 함이라 나를 보내신 이의 뜻은 내게 주신 자 중에 내
가 하나도 잃어버리지 아니하고 마지막 날에 다시 살리는 것이니라 내
아버지의 뜻은 아들을 보고 믿는 자마다 영생을 얻는 이것이니 마지막
날에 내가 이를 다 살리리라 하시니라(요 6:38~40)
나의 양식은 나를 보내신 이의 뜻을 행하여 그 일을 온전히 이루는 것
이라(요 4:34)

예수님의 삶은 한마디로 하나님의 뜻을 성취하는 삶이었다. 그는
언제나 '내 뜻대로 하지 않게 하시고, 아버지의 뜻대로 하시옵소서.'
라고 기도하셨다. 십자가를 앞에 놓고도, 십자가의 죽음의 고통 속에
서도 하나님의 뜻이 성취되기를 기원하셨다. 실로 예수님의 삶 전체
는 하나님 뜻의 성취 과정이었다.

그의 말씀 하나하나, 그의 행동 하나하나, 그의 생각 하나하나가
모두 하나님의 뜻에 집중되어 있었고, 그 뜻의 성취에 초점이 맞추어
져 있었다. 따라서 우리는 일차적으로 하나님의 뜻을 예수님의 삶과
그의 교훈(말씀)에서 찾아야 한다. 그런 점에서 "하나님의 뜻이 하늘
에서 이루어진 것같이 땅에서도 이루어지이다."라는 기도의 내용을
실행에 옮기신 분은 바로 예수님 자신이며, 또한 이 기도를 가장 확실
하고 완전하게 하실 수 있는 분도 예수님 자신이라고 말할 수 있다.

다음으로 하나님의 뜻이 '하늘에서 이루어진 것같이'의 '하늘'
은 무엇을 의미하는지 상고해 보자. 여기의 '하늘'은 곧 '하늘나라'
로서, 우리가 살고 있는 이 물적인 세상과 구별되는 '하나님의 보좌',
즉 '영적 실재(Spirit or spiritual entity)'이신 하나님 자신의 고유 세계를

의미한다. 다시 말하면 여기의 '하늘'은 하나님의 존재 영역인 '영적인 세계(spiritual world)'를 의미하며, 또한 시공을 초월하는 '영원한 세계(eternal world)'를 뜻한다.

이처럼 하늘, 곧 하늘나라는 순전한 영적인 세계요 영원한 세계이기 때문에, 여기는 이미 하나님의 뜻이 어떤 장애나 방해도 없이 온전히 실현된 세계라고 할 수 있다. 그래서 예수님은 우리에게 "하나님(아버지)의 뜻이 하늘에서 이루어진 것같이 땅에서도 이루어지이다."라고 기도하게 하신 것이다. 다시 말해 하나님의 보좌, 즉 영원한 하늘나라에서 하나님의 뜻이 완전하게 실현된 것과 같이 우리가 살고 있는 이 지구상에도 실현되게 해 달라고 기도하라고 하신 것이다.

그런 점에서 이 기도는 참으로 엄청난 내용이 담긴 기도이며, 또한 가장 절실하고도 긴요하며, 가장 포괄적이고도 고차원적인 기도라 할 수 있다. 왜냐하면 어느 한 개인이나 집단을 위한 기도가 아니라 나를 포함한 모든 사람, 곧 지구촌 전체와 전 인류 역사에 관계되어 있기 때문이다. 바로 이러한 기도를 예수님은 우리에게 하라고 하신 것이다.

지금 우리가 살고 있는 이 지구촌, 인류가 뿌리내리고 있는 이 세상, 곧 우리의 역사적 현실은 어떠한가? 하나님의 뜻이 실현된 세계라고 말할 수 있는가? 또한 우리 한국 민족이 살고 있는 이 사회는 어떤 사회인가? 그리고 우리 교회들의 실상은 어떠한가? 예수님이 성취하려고 하신 하나님의 뜻이 실현된 사회, 하나님의 뜻이 온전히 실현된 교회라고 말할 수 있는가? 결코 그렇지 못하다. 우리의 현실은 하나님의 뜻과는 너무나 멀리 떨어져 있다. 각종 불의와 부정과 부패와 파당과 불신과 미움과 대립이 사람과 사람 사이에, 집단과 집단 사이에 편

만해 있다.

그렇기 때문에 우리는 주기도문의 이 간구, 하나님의 뜻이 하늘에서 온전히 실현된 것같이 우리 사회에도, 우리 교회에도, 이 지구촌에도 이루어지게 해 달라고 기도해야 하는 것이다. 그리고 특히 누구보다도 나 자신과 내 가정과 내 자녀들에게도 이루어 달라고 기도해야 하는 것이다.

하나님의 뜻과 창조세계

여기에서는 하나님의 뜻을 좀 더 광범위하게 하나님의 창조세계와 관련시켜 생각해 보자. 구약의 창세기는 우주 만물을 만드신 하나님의 창조의 계획과 목적, 그 의미에 대해 말해 준다. '왜 이 세상에 무엇, 즉 우주 만물이 존재하게 되었는가(Why is there something(the universe) rather than nothing)?'라는 질문은 인류의 가장 근본적인 문제다.

이에 대해 창세기 저자는 '하나님의 창조의 뜻과 계획에 의해'라고 답해 준다. 즉 이 세상과 우주 만물이 존재하게 된 것은 바로 사랑과 선과 아름다움의 본성을 지닌 창조주 하나님의 창조의 계획과 의지의 표현의 결과라는 말이다. 따라서 이 세상 만물과 인류 한 사람 한 사람은 아무 목적이나 뜻 없이 우연히 생겨난 존재들이 아니라 모두 하나님의 창조 섭리와 계획(뜻)에 따른 존재이기 때문에 하나하나가 소중한 의미와 가치가 있다는 사실을 창세기 저자는 말해 주는 것이다.

특히 창세기 1장 31절에는 하나님이 천지 만물을 창조하신 다음 그 지으신 것들을 보고 심히 기뻐하셨다고 기록되어 있다. 하나님께서 자신이 창조한 모든 것(만물)을 보고 기뻐하신 이유는 무엇일까? 그것은 바로 창조하신 만물에 자신의 뜻과 계획이 잘 반영되었으며, 특히 자신의 성품인 아름다움과 선함이 깃들어 있기 때문이었을 것이다. 하나님이 자신이 창조한 만물을 보고 기뻐하신 일은 만물에 대한 '축복 행위(blessing act)'라고 말할 수 있다. 또한 이것은 하나님의 창조의 선함(the goodness of God's creation)과 모든 존재(만물)의 선함을 동시에 나타내는 말씀이라고 볼 수 있다. 왜 그런가? 바로 만물을 창조하신 하나님이 선하시기 때문이다.

하나님은 어떤 하나님인가? 의와 진리와 사랑의 하나님, 선함의 하나님이시다. 즉 하나님은 진, 선, 미, 애(眞, 善. 美, 愛)의 본성을 지닌 하나님이시다. 따라서 하나님의 창조세계인 우주 만물에는 하나님의 진, 선, 미, 애가 깃들어(반영되어) 있다. 그래서 시편 19편 기자는 "하늘이 하나님의 영광을 드러내고 궁창이 그의 손으로 하신 일을 나타내는도다(시 19:1)."라고 읊었으며, 사도 바울은 "창세로부터 그의 보이지 아니하는 것들, 곧 그의 영원하신 능력과 신성이 그가 만드신 만물에 분명히 보여 알게 되나니 그러므로 그들이 핑계치 못할지니라(롬 1:20)."고 하였다.

여기서 사도 바울은 하나님의 신성이 그 지으신 만물에 분명히 반영되어 있다고 말하였다. 그러면 만물에 반영된 신성이란 무엇을 의미하는 것일까? 바로 하나님의 성품(본성)인 진, 선, 미, 애의 속성들(attributes)을 의미하는 것이다. 즉 하나님의 사랑과 진리와 아름다움과 선함이 그분이 지으신 만물에 표현되어 있다는 말이다. 그래서 하나님은 자신이 지은 만물을 보고 크게 기뻐하신 것이다. 그러므로 우리는 하나님의 창조세계를 통해서도, 즉 그들을 깊이 관조함으로써도 하나님의 성품(신성)과 그분의 뜻(의도와 계획들)을 직-간접적으로 알 수 있는 것이다.

자연의 선함과 아름다움을 직관하신 예수님은 공중에 나는 새 한 마리도 하나님이 일일이 먹이신다고 말씀하셨으며, 들에 핀 야생화 한 송이의 아름다움은 솔로몬 왕의 극치의 영화(호화찬란함)도 능가한 다고 하셨다. 이것은 하나님의 창조의 신비함과 경이로움에 대한 예 찬이라고 할 수 있다.

4세기 가파도기아의 영성가 닛사의 그레고리는 하나님의 창조세 계인 우주 만물은 곧 하나님의 '옷자락' 혹은 '휘장'이라고 말했고, 14세기 독일의 신비 신학자 마이스터 에크하르트(Meister Eckhart)는 이 세상 만물은 창조주 하나님을 드러내는 '문자들(language)'이라고 하 였으며, 영국의 여성 영성가 줄리안 놀위지(Julian Norwich)는 만물은 '하나님의 사랑을 전달하는 매개체들'이라고 말한 바 있다. 인류, 특 별히 하나님의 자녀인 그리스도인들이 하나님의 창조세계인 자연을 진정으로 사랑하고 존중하며 잘 보호하고 가까이해야 할 이유가 바로 여기에 있는 것이다.

왜 산천초목은 그렇게도 아름다운가? 꽃의 종류는 왜 그렇게 많 으며, 빛깔은 왜 그렇게도 곱고, 그들의 향기는 그리도 달콤하고 상쾌 한가? 우주는 왜 그렇게 거대하면서도 질서 정연한가? 요컨대 하나님 께서 이 우주 만물을 지으신 목적과 이유(뜻)는 무엇일까? 이에 대해 시편 145편 저자는 하나님께서 인간과 만물을 창조하신 근본 이유, 즉 온 우주 만물이 존재하는 가장 근원적인 이유는 바로 창조주 하나 님의 영광을 드러내고 찬양하기 위해서라고 하였다.

여호와는 위대하시니 크게 찬양할 것이라 그의 위대하심을 측량하지 못하리로다 …… 여호와께서는 모든 것을 선대하시며 그 지으신 모든 것에 긍휼을 베푸시는도다 여호와여 주께서 지으신 모든 것들이 주께 감사하며 주의 성도들이 주를 송축하리로다 그들이 주의 나라의 영광을 말하며 주의 업적을 일러서 주의 업적과 주의 나라의 위엄 있는 영광을 인생들에게 알게 하리이다 주의 나라는 영원한 나라이니 주의 통치는 대대에 이르리이다(시 145:3~13)

결국 하나님께서 이 우주 만물을 지으신(있게 하신) 창조의 뜻과 목적은 하나님 자신의 성품인 진, 선, 미, 애의 요소를 그들에게 반영하여, 그들을 통해 자신과 자신의 뜻을 드러내심과 동시에, 그들을 통하여 영광과 경배와 찬양을 받으시기 위함이다. 따라서 하나님의 피조물인 우리도 만물과 더불어 그들에게서 교훈을 얻어 우리의 삶을 통해 하나님의 본성인 진, 선, 미, 애, 즉 하나님의 성품인 진리(진실함)와 선함과 아름다움과 사랑을 나타냄과 동시에, 그분께 합당한 영광과 찬양과 경배를 드려야 한다.

동양의 현자인 노자(老子)는 하나님의 창조세계인 자연의 신비 속에서 '무위자연(無爲自然)'의 원리, 즉 '아무것도 하지 않는 듯한 고요함 속에서 모든 변화와 생성을 이루어 내는' 진리인 도(道)를 발견했다. 노자가 말한 이 '도'를 사도 바울이 로마서 1장에서 언급한 만물 속에 반영된 하나님의 신성과 연계해 생각해 보면 한층 흥미로울 것이다. 노자의 주저인 「도덕경」에 따르면, 낮은 계곡(a low valley)으로 상징되며 자연, 곧 창조세계의 근원적 원리인 도는 고요함, 느림, 겸허, 무소유(무욕), 낮아짐, 부드러움, 넉넉함, 열림, 오래 참음, 받아들임과 포용 등의 특징이 있다.

그는 자연, 곧 하나님의 창조세계를 통해 이러한 진리를 발견해 낸 것이다. 나아가 그는 자연의 일부인 인간들도 자연을 통해 이러한 진리(도의 원리)를 배워 자신 안에 실현시킴으로써 모든 인류가 자연(모든 창조세계)과 더불어 조화를 이루어 평화롭게 살 수 있음을 피력했다. 그런 점에서 노자는 하나님의 창조의 목적과 뜻, 곧 창조세계에 담긴 깊은 진리를 터득한 동방의 현자였다고 말할 수 있을 것이다.

예수님이 주기도문에서 "하나님의 뜻이 하늘에서 이루어진 것같이 땅에서도 이루어지이다."라고 기도하게 하신 것은 곧 창조세계가 하나님의 창조 계획(뜻)과 목적대로 아름답게 보존되고 또한 하나님의 신성, 곧 하나님의 성품인 진, 선, 미, 애를 막힘없이 충분히 발휘하게 해서 창조주 하나님의 영광을 드러낼 수 있게 해 달라고 기도하게 하신 것이다. 오늘날 기술문명과 산업의 발달은 우리가 사는 이 지구에 심각한 오염과 환경 파괴를 가져왔는데, 그로 인한 총체적 위기에 직면하여 우리의 가장 큰 관심거리로 대두된 창조 및 환경 보존의 과제가 바로 이 기도에 함축되어 있는 것이다.

그러면 하나님께서 인간을 창조하고 이 세상에 살게 하신 가장 중요한 뜻과 목적은 무엇인가? 창세기 1장 26절 이하와 2장에 그것이 잘 표현되어 있는데, 여기서 우리는 세 가지 중요한 주제를 찾아볼 수 있다. (1)인간을 하나님의 형상대로 창조하신 일, (2)인간에게 만물을 다스리게 하신 일, (3)처음 인간을 가장 아름답고 평화로운 환경인 에덴동산에서 살게 하신 일이다.

위의 세 주제는 하나님께서 인간을 창조하신 특별한 목적과 뜻이 무엇이며 어디에 있는지를 잘 드러내 보여 준다.

하나님이 이르시되 우리의 형상을 따라 우리의 모양대로 우리가 사람을 만들고 그들로 바다의 물고기와 하늘의 새와 가축과 온 땅과 땅에 기는 모든 것을 다스리게 하자 하시고 하나님이 자기 형상 곧 하나님의 형상대로 사람을 창조하시되 남자와 여자로 창조하시고 …… 그들에게 이르시되 생육하고 번성하여 땅에 충만하라, 땅을 정복하라, 바다의 물고기와 하늘의 새와 땅에 움직이는 모든 생물을 다스리라 하시니라(창 1:26~28)

위의 말씀에는 하나님께서 인간을 창조하실 때는 다른 모든 피조물과 구별되게 '하나님의 형상(Image of God)' 대로 지으셨다고 기록되어 있다. 하나님의 형상이 무엇이냐에 대해서는 성서학자들 사이에 의견이 다양하다. 하지만 공통된 견해를 종합해 보면, 하나님의 형상이란 인간의 특성인 동시에 하나님과 인간의 공통적 요소인 인격성, 윤리성, 통치성, 창조성 등이라고 할 수 있다.

한편 3세기의 가장 위대한 성서학자요 뛰어난 영성가인 알렉산드리아의 교부 오리겐(Origen)은 하나님께서 인간에게 부여하신 '하나님의 형상' 이란 '지성(intellect)' 과 '영성(spirituality)' 과 '아가페 사랑(agape love)' 이라고 설명한 바 있다. 영성신학적 견해에서 보면 오리겐의 해석이 탁견(卓見)으로 보인다. 왜냐하면 하나님은 영적 실재이시기 때문에 '하나님의 형상' 이란 어떤 외적인 모양(external form)이나 형체를 의미하는 것이 아니라 바로 영적 능력인 '영성(spirituality)' 을 의미한다고 보기 때문이다.

그러면 하나님께서 인간에게 부여하신 하나님의 형상으로서의 '영성' 이란 무엇인가? 그것(영성)은 다름 아닌 높은 지성과 선악을 분별할 줄 아는 윤리적 능력과 인격성을 포함하면서도 그것들을 초월하여 영적 실재이신 하나님과 교제할 수 있는 능력을 의미하는 것이다. 요컨대 하나님께서 인간을 자기 형상, 곧 하나님의 형상대로 창조하셨다는 말씀은 하나님이 인간을 다른 피조물들과 구별되는 '영적인 존재(spiritual being)'로 창조하셨다는 말씀이다. 구약의 전도서 기자는 "하나님이 모든 것을 지으시되 때를 따라 아름답게 하셨고 또 사람들에게는 영원을 사모하는 마음을 주셨느니라(전 3:11)."고 기록하였는데, 여기서 그가 말하는 하나님이 인간에게 주신 '영원을 사모하는 마음'이란 바로 인간의 영적 능력인 '영성'을 지칭하는 것이다.

하나님의 창조와 인간의 책임

그러면 하나님께서 왜 인간을 다른 피조물들과 구별되는 '영적인 존재'로 창조하셨을까? 즉 하나님께서 인간을 영적인 존재로 창조하신 이유와 목적과 뜻은 무엇일까? 그 해답이 바로 하나님께서 인간을 지으신 창조의 목적(계획)과 뜻(의도)과 관계되는 것이다. 하나님께서 인간을 자기 형상대로 지으신 이유, 곧 영적인 존재로 창조하신 목적과 뜻은 한마디로 하나님께서 우리와 특별한 관계, 즉 인격적이고 영적인 긴밀한 관계를 지속적으로 갖기 위함이다.

그런데 인간과 하나님의 이 긴밀한(영적인) 관계가 인간의 타락으로 파괴되어 버린 것이다. 그리고 이 파괴된 관계를 회복시키기 위해 예수님이 이 세상에 오신 것이다. 즉 인간과 하나님 사이의 단절된 관계성 회복이 예수님이 이 세상에 오신 일차적 목적과 선교적 사명이었다. 그래서 예수님은 모든 사람을 자신을 통하여 자신과 하나님의 관계인 '아버지와 아들' 의 긴밀한 관계로 인도하려고 하신 것이다.

따라서 주기도문의 "하나님의 뜻이 하늘에서 이루어진 것같이 땅에서도 이루어지이다."라는 기도에는 하나님의 인간 창조의 목적과 뜻의 실현을 위해 파괴된(잃어버린) 하나님의 형상인 영적 능력, 곧 '영성' 을 온전히 회복하여 나를 포함한 온 인류가 하나님과의 원래의 긴밀한 관계를 되찾을 수 있게 해 달라는 간절한 뜻이 담겨 있는 것이다.

한편 하나님께서 인간에게 하나님의 형상으로서의 영적 능력을 부여하신 또 다른 목적과 뜻은 하나님이 보고 기뻐하신 창조세계, 곧 만물을 하나님을 대신하여 또는 하나님과 공동으로, 그리고 하나님이 그들을 사랑하고 아끼시는 것과 같이 우리도 그들을 사랑하고 아끼고 존중하며 잘 다스리게 하기 위함이다.

창세기 기자는 하나님이 인간을 자기 형상대로 지으신 목적(뜻)은 자신이 창조한 만물을 '다스리게' 하기 위함이라고 두 번이나 반복하여 언급하였다. '다스리다' 란 지배한다는 의미가 아니라 돌보다, 보살피다, 관리하다, 가꾸다, 보호하다 등의 다양한 뜻을 함축한 말이다. 그것은 바로 하나님이 만물을 다스리시는 것과 같은 의미다. 하나님이 만물을 다스리시는 것은 그들을 사랑으로 돌보는 일이다.

따라서 "하나님의 뜻이 하늘에서 이루어진 것같이 땅에서도 이루어지이다."라는 기도에는 인간과 인간 사회뿐 아니라 전 자연계에서도 하나님의 창조의 뜻이 손상되지 않고 잘 보존되게 해 달라는 뜻이 담겨 있는 것이다. 왜냐하면 하나님 뜻의 실현은 비단 인간세계에만 국한된 것이 아니라 모든 피조물에게 해당되는 것이기 때문이다. 하나님은 자신이 창조하신 자연, 곧 만물이 아름답게 보존되게 하기 위해 인간을 다른 모든 피조물과는 구별되는 하나님의 형상을 지닌 영적인 존재로 창조하셨음을 우리는 잊어서는 안 된다.

다음으로 하나님의 뜻과 창조와 관련하여, 하나님께서 최초의 인간인 아담과 이브를 위해 낙원인 에덴동산을 만드신 사실을 상고해 보자. 하나님은 만물을 창조하신 다음 마지막 단계로 자기 형상대로 인간을 창조하시고 에덴동산을 마련하여 거기에 살게 하셨다. 창세기 2장에 따르면 에덴동산은 네 강물을 채워 주는 물의 근원이 있어 땅을 비옥하게 적시고, 또한 보기에 아름답고 먹기에 좋은 과일들이 나무마다 풍성하며, 각종 들짐승과 공중의 새들이 평화롭게 사는 곳이었다.

그리고 하나님께서는 아담에게 아내이자 동시에 삶의 동반자인 이브를 주셔서 함께 살게 하셨다. 그런데 성경에는 아담과 이브는 벌거벗었으나 피차간에 부끄러움이 없었다고 기록되어 있다. 여기에 묘사된 에덴동산은 최초의 인간의 원상태, 즉 천진난만한 어린아이와 같이 죄악을 모르는 순수한 인간의 모습과 가장 행복한 삶의 모습, 그리고 아름답고 평화로운 창조세계(자연환경)의 모습을 보여 준다. 여기서 우리는 하나님의 인간 창조의 본래적 목적과 뜻이 어디에 있는지를 알게 된다. 즉 하나님께서 인간을 창조하신 근본 목적과 뜻은 바로 아담과 이브의 에덴동산에서의 삶과 같은 가장 아름답고 평화로우며 행복하고 복된 삶이었다는 것이다.

인간은 스스로의 능력으로는 왜 자신이 이 세상에 태어났으며, 인간 삶의 궁극적인 목적과 의미가 무엇인지 정확히 알지 못한다. 즉 하나님께서 우주 만물과 함께 인간을 창조하신 이유, 곧 하나님의 인간 창조의 목적과 참뜻을 깨닫지 못한다. 그런데 성경은 우리에게 이 깊은 진리를 분명하게 알려 준다. 즉 하나님의 창조 목적과 뜻은 궁극적으로 인간이 다른 모든 피조물과 더불어 에덴의 복, 곧 최상의 기쁨과 평화와 행복을 누리며 살게 하려 하신 것이다.

사도 바울은 초대교회 성도들을 향하여 "항상 기뻐하라, 쉬지 말고 기도하라, 범사에 감사하라."고 권고하며 이것은 바로 "그리스도 예수 안에서 너희(성도들)를 향하신 하나님의 뜻"이라고 말했다(살전 5:16~18). 즉 성도들을 향한 하나님의 뜻은 어떤 환경에서든 항상 기뻐하며 사는 삶이라는 것이다. 인간의 현 상태, 타락하고 부패한 인간 실존, 탐욕과 증오와 교만과 무지에 의한 인간의 자기상실과 공동체의 파괴와 분열, 개인과 민족과 공동체 간의 살생과 파괴로 인한 불행과 비극은 하나님의 창조의 목적과 뜻이 아니다. 아니, 그에 반하는 것이다.

하나님의 뜻은 바로 인간이 원상태인 하나님의 형상, 곧 '영성'을 온전히 회복하여 모든 창조세계와 더불어 낙원을 되찾아 참된 행복을 누리며 살게 되는 것이다. 그것이 바로 하나님의 창조의 목적이요 뜻이다.

예수님은 인류의 잃어버린 낙원의 회복을 위해 이 세상에 오셨고, 진리의 말씀/복음을 주셨으며 일하셨고, 또한 그것을 위해 자기 생명까지 바치셨다. 그것이 바로 그가 전개한 천국운동이다. 예수님은 이 땅에 지복(supreme blessing)의 세계인 하나님의 나라, 곧 천국을 실현시키려 하신 것이다. 왜냐하면 그것이 하나님이 만물을 창조하신 본래 목적이요 뜻이기 때문이다. 예수님은 바로 우리 각 개인과 가정에, 공동체와 교회에, 민족과 인류사회 전체에 하나님의 창조 목적과 뜻인 낙원을 회복시켜 천국을 실현하려 하신 것이다.

그러면 예수님은 어떻게, 그리고 어떤 방법으로 이 땅에 천국을 실현시키려 하셨는가? 예수님은 우리 각 사람이 하나님의 영인 성령, 곧 진리와 사랑의 영으로 거듭나 잃어버린 하나님의 형상인 영성이 회복된 새사람, 곧 영적인 사람이 되게 함으로써 이를 성취하려 하셨다. 예수님은 잃어버린 하나님의 형상인 영성이 회복된 영적인 사람을 만들기 위해 산상수훈을 주시고, 그 중에서도 특히 영성 회복의 최상의 방법으로 팔복의 말씀을 주셨다. 그리고 우리에게 영성 회복과 영적 성장의 목표로 다음의 말씀을 주셨다. "그러므로 하늘에 계신 너희 아버지의 온전하심과 같이 너희도 온전하라."(마 5:48)

예수님이 여기에서 우리에게 이루라고 말씀하신 '완전'은 하나님의 자녀로서의 완전, 즉 하나님의 형상대로 창조된 인격적 존재로서의 완전, 다시 말하면 하나님의 형상인 '영성'이 완전히 회복된 영적인 사람으로서의 완전을 의미하는 것이다. 이것은 성직자나 수도사나 어떤 특정한 사람들에게만 해당되는 것이 아니라 모든 하나님의 자녀, 모든 그리스도인, 아니 지구촌 모든 사람에게 해당되는 것이다. 왜냐하면 모든 인간이 타락 이전의 원래의 상태인 하나님의 형상(영성)을 지닌 영적인 사람들이 될 때 전 지구촌, 즉 인류사회와 모든 창조세계(자연)에 참 평화와 기쁨과 행복이 찾아올 수 있기 때문이다.

사도 바울은 "너희는 이 세대를 본받지 말고 오직 마음을 새롭게 함으로 변화를 받아 하나님의 선하시고 기뻐하시고 온전하신 뜻이 무엇인지 분별하도록 하라."고 권고하였다. 이 세대를 향한 하나님의 뜻은 무엇인가? 그것은 바로 나와 내 자녀들을 비롯하여 우리 교회와 우리 민족과 나아가서는 모든 민족과 또한 창조세계 전체를 향한 하나님의 뜻일 것이다. 왜냐하면 모든 사람, 곧 인류 전체와 만물이 하나님의 사랑과 구원의 대상이기 때문이다. 따라서 주기도문의 "하나님의 뜻이 하늘에서 이루어진 것같이 땅에서도 이루어지이다."라는 기도에는 나를 비롯하여 내 자녀와 내 가정과 내 교회뿐 아니라 이 세상 모든 사람과 심지어는 모든 피조물 하나하나가 다 포함된 것이다. 즉 이 기도에는 나 자신을 포함하여 모든 사람, 그리고 모든 피조물 하나하나를 향한 하나님의 창조 목적과 계획(뜻)이 온전히 실현되게 해 달라는 염원이 담겨 있는 것이다.

그러므로 이 기도는 대상이 없는 막연한 기도가 아니라 나와 내 가정과 내 이웃을 비롯한 모든 사람과 모든 피조물 하나하나까지 아우르는 가장 구체적이면서 동시에 가장 포괄적인 기도인 것이다. 하나님은 온 인류가 타락 이전의 상태인 하나님의 형상을 지닌(회복한) 영적인 사람이 되기를, 또한 에덴(천국)의 복(행복)을 누리기를 원하신다. 우리는 그것을 성경 말씀에서, 그리고 예수님의 마음과 그의 교훈에서 알 수 있다.

오늘 이 시간 나를 향한 하나님의 뜻은 무엇일까? 하나님은 우리 각자에게 무엇을 원하고 계실까? 그리고 오늘의 교회들을 향한 하나님의 뜻은 무엇일까? 하나님은 우리 각자가 하나님이 뜻하신 대로 한 사람으로서 완전해지기를 원하시며, 또한 하나님이 주신 모든 재능과 잠재력을 썩히지 않고 온전히 발휘하기를 원하신다. 그리고 자신의 교회들이 세상적인 가치관 때문에 영적으로 병들거나 죽지 않고 건강하게 살아 이 세상에 빛을 발하기를 바라신다.

하나님은 선(goodness) 자체요 사랑 자체이시기 때문에 나를 향한 하나님 뜻의 실현은 곧 나의 사람됨(존재)의 완성과 함께 최대의 복(행복)이 되는 것이다. 나 한 사람, 아니 우리 각자가 하나님이 원(뜻)하시는 영적인 온전한 사람이 될 때, 내 가정과 내 교회와 우리 사회, 나아가 인류사회 전체와 모든 창조세계가 하나님의 창조 목적과 계획(뜻)이 실현된 진정한 평화의 세계, 곧 낙원(천국)의 복을 향유하게 되는 것이다. 그런 점에서 이 기도, "하나님의 뜻이 하늘에서 이루어진 것 같이 땅에서도 이루어지이다."는 모든 기도 중 가장 완전한 기도라고 말할 수 있을 것이다.

넷째 간구

일용할 양식

오늘 우리에게 일용할 양식을 주옵시고

주기도문의 네 번째 간구는 인간의 생명(삶)을 위한 가장 기본적인 요구인 '일용할 양식'에 대한 것이다. 앞에서도 언급한 바와 같이 주기도문 전반부의 세 간구는 하나님의 이름과 하나님의 나라와 하나님의 뜻과 같은 하나님과 관계된 주제들인 반면, 후반부의 네 간구는 일용할 양식, 용서, 유혹과 악의 세력으로부터의 보호 등 인간의 생명과 삶에 관계된 간구들이다. 그런데 예수님은 특별히 우리의 생명과 삶에 관계된 기도 중에서 제일 먼저 우리의 육신의 삶, 곧 생명에 관계된 '일용할 양식'을 위해 기도하라고 가르치셨다.

여기서 '양식'은 그리스어 원어로는 '아르톤(arton)'으로서 직역하면 '빵'이며, 이는 우리의 '밥'에 해당한다. '밥'이 우리의 몸, 곧 육신의 생존에 가장 필수적인 요소인 것은 두말할 필요가 없다. 따라서 이것을 직역하면 '오늘 우리에게 그날그날 먹고 살 수 있는 밥을 주옵소서.'라는 기도가 된다. 이렇게 이 간구는 우리의 생명과 생존에 가장 필수적인 것을 구하는 기도인 셈이다.

일용할 양식과 생명 경외

예수님이 '일용할 양식'에 대한 기도를 하게 하신 이유와 특별히 이 기도를 맨 먼저 하게 하신 이유는 무엇일까? 예수님은 마태복음 6장 31절에서 "너희는 무엇을 먹을까 무엇을 마실까 무엇을 입을까 염려하지 말라."고 하시며 "이는 다 이방인들이 구하는 것이며, 너희 천부께서는 이 모든 것이 너희에게 있어야 할 줄을 아신다."고 말씀하셨는데, 여기서는 왜 "우리에게 일용할 양식을 주옵시고"라고 기도하게 하셨을까?

무엇보다 먼저 이 기도는 인간 생명의 귀중함에 대한 인식(깨우침)을 촉구하는 것이다. 즉 이 간구에는 하나님께서 우리에게 주신 생명에 대한 경외심이 내포되어 있다는 말이다. 성경이 보여 주는 인간은 단순히 영적인 존재만도, 또한 육적인 존재만도 아니라 영과 육이 하나로 결합된 존재다. 물론 인간 생명의 가장 근원적인 요소는 하나님의 호흡(breath), 곧 하나님의 형상인 영적 생명이지만, 이 영적 생명을 간직해 주는 그릇은 우리 육신인 것이다.

그러므로 우리의 육신은 영적 생명 못지않게 중요하다. 영적 생명은 하나님께로부터 오는 신령한 영적 은사로 살아간다. 그러면 육신은 무엇으로 살아가는가? 우리의 육신은 우리가 날마다 먹고 마시는 양식으로 살아가는 것이다. 그런데 여기서 유의할 점은 '일용할 양식'이란 단순히 빵이나 음료, 음식을 위한 양곡만을 의미하는 것이 아니라 우리가 먹고 마시며 입고 잠자며 호흡하는 데 필요한 모든 것, 즉 우리의 육신의 삶에 필요한 모든 필수품(necessities) 전체를 뜻하는 것이다.

따라서 주기도문의 '일용할 양식'은 인간의 생명과 생존에 필요한 모든 것을 함축한 말로 이해해야 한다. 어쩌면 우리의 생명을 이어가기 위해서는 음식보다도 공기나 물이 더 긴요한 것일 수 있다. 예를 들어 공기가 없으면 인간은 단 몇 분도 살 수가 없기 때문이다. 따라서 주기도문의 '일용할 양식'은 우리의 생명 존속에 필요한 모든 것을 총칭하는 요약어로 생각하는 것이 마땅하다.

그래서 종교개혁자 마틴 루터는 이것을 좀 더 광범위하게 해석했다. 그는 '일용할 양식'을 인간의 생명과 지상에서의 생활에 필요한 모든 것, 즉 음식에서 시작하여 입을 옷과 거주할 집과 가정, 가축, 농토, 배우자, 자녀, 좋은 친구, 친절한 이웃, 일하는 일꾼들, 진실하고 성실한 지도자, 훌륭한 정부와 사회, 적당한 기후, 건강과 사회적 질서와 평화 등에까지 확대시켰다. 왜냐하면 이런 모든 것이 우리의 일상생활에서 없어서는 안 될 필수 요소이기 때문이다.

사실 예수님이 주기도문에서 언급하신 '일용할 양식'에는 이보다 더욱 광범한 의미가 있는 것이다. 예를 들어 우리가 매일 먹는 음식, 곧 '밥'이나 '빵'을 생각해 보자. 이것들은 어떻게 얻어지는가? 밥 한 그릇이 상에 올라오기까지는 무수한 손길들의 수고가 있어야 한다. 거기에는 특히 농부들의 땀과 노고가 들어 있을 것이다. 그런데 농부들의 노고만으로 쌀이나 밀이 생산되는 것인가? 결코 그렇지 않다.

곡식이 자라 익기까지는 햇빛과 물과 공기가 필수적이다. 그러면 이것들은 어떻게 있게 되었으며, 누가 만든 것인가? 바로 창조주 하나님께로부터 온 것이다. 햇빛과 물과 공기가 있기에 농부가 씨를 뿌리고 수확할 수 있는 것이다. 그러므로 밥 한 그릇을 위해서는 창조주 하나님의 은택이 더 근원적이고 일차적이며, 농부의 노고는 이차적인 것이다.

따라서 '우리에게 일용할 빵을 주십시오.' 라는 간구에는 '우리의 생명이 주께로부터 왔나이다.' 라는 감사의 신앙 고백과 함께 '주님이 주신 우리의 생명을 매일 매순간 지켜 주시고 돌보아 주십시오.' 라는 간구가 함축되어 있는 것이다.

사실 인간뿐 아니라 모든 피조물은 창조주 하나님의 돌보심과 창조의 은택 없이는 한순간도 살아갈 수 없다. 그러므로 "오늘 우리에게 일용할 양식을 주옵시고"라는 기도에는 '하나님, 당신의 은혜로 우리에게 먹을거리를 주심으로 우리의 생명을 지켜 주십시오.' 라는 간절한 염원이 들어 있는 것이다. 예수님은 이러한 깊은 진리를 공중 나는 새와 들에 핀 백합꽃의 비유를 통해 잘 말씀해 주셨다.

하나님은 공중을 나는 새 한 마리의 생명도 지켜 주시며 그들에게 일일이 먹을거리를 주시는 분이며, 들에 핀 야생화 한 송이도 더없이 화려하고 찬란한 옷으로 아름답게 입히시고 그 생명을 지켜 주시는 분이다. 하물며 하나님 자신의 거룩한 형상대로 지으신 인간의 생명은 얼마나 귀중히 보시고 지켜 주시겠는가? 이것이 바로 예수님이 이 비유를 통해 말씀하고자 하신 바다.

따라서 "오늘 우리에게 일용할 양식을 주옵시고"라는 간구에는 우리에게 귀중한 생명을 주시고 돌보아 주시는 하나님의 은혜에 대한 감사의 표현과 더불어 '우리에게 일용할 양식과 함께 우리의 생존을 위해 있어야 할 모든 것을 공급해 주심으로 우리의 생명을 지켜 주십시오.' 라는 간구가 들어 있는 것이다. 요컨대 이 기도는 생명의 근원이신 하나님의 은총에 대한 감사, 즉 하나님이 주신 생명의 귀중함에 대한 인식과 감사와 더불어, 우리는 창조주 하나님의 돌보심 없이는 단 한순간도 생명을 이어갈 수 없다는 신앙 고백을 함축한 것이다.

일용할 양식과 소유

또한 "오늘 우리에게 일용할 양식을 주옵시고"라는 기도에는 하나님 백성의 건전한 물질관과 소유관이 담겨 있다. 우리는 이 기도에서 특히 '오늘 우리에게 일용할'이라는 구절에 주의할 필요가 있다. 이것은 '날마다(daily)', '그날그날(each day)', 또는 '하루하루(every day)', 즉 '매일의 삶에 필요한'이라는 뜻이다.

매일의 양식에 대한 이 간구는 출애굽기에 나오는 '만나'를 연상시킨다. 이스라엘 백성은 광야에서 먹을 것이 없을 때, 하나님이 날마다 내려 주시는 만나로 굶주림의 위기를 극복했다. 그런데 사람들이 욕심을 부려 하루 먹을거리 이상을 가져가 쌓아 놓자 그것은 그대로 부패하여 먹을 수 없게 되었다. 여기에도 인간의 이기심과 탐욕에 대한 경계의 뜻이 담겨 있음을 알 수 있다.

예수님이 주기도문에서 "오늘 우리에게 일용할 양식을 주옵시고"라고 기도하게 하신 것은 창고에 가득 저장해 놓을 만큼의 많은 양식이 아니라 그날그날 먹고 살 수 있을 만큼의 양식을 구하라는 뜻이다. 그런데 어떤 면에서 이러한 기도는 우리의 현실에는 적합하지 않은 것처럼 느껴진다. 어떻게든 최소한의 저축이나마 하고 살아야 하는 것이 우리의 현실 생활이기 때문이다.

그런데 왜 예수님은 우리에게 이러한 기도를 하게 하셨을까? 이 기도를 가르치신 예수님의 근본 의도는 무엇이며, 또한 이 기도의 이

면에 있는 깊은 의미는 무엇일까? 한마디로 이 기도는 '자족' 하는 삶의 귀중한 가치와 함께 하나님 백성의 건전한 '재물관' 과 '소유관' 을 암시하는 것이다. 구약의 잠언서에서 우리는 하나님의 자녀들의 이상적인 재물관과 소유관에 관계된 말씀을 읽을 수 있다.

> 내가 두 가지 일을 주께 구하였사오니 내가 죽기 전에 내게 거절하지 마옵소서 곧 헛된 것과 거짓말을 내게서 멀리 하옵시며 나를 가난하게도 마옵시고 부하게도 마옵시고 오직 필요한 양식으로 나를 먹이소서 혹 내가 배불러서 하나님을 모른다 여호와가 누구냐 할까 하오며 혹 내가 가난하여도 도둑질하고 내 하나님의 이름을 욕되게 할까 두려워함이니이다(잠 30:7~9)

예수님이 "오늘 우리에게 일용할 양식을 주옵시고"라고 기도하게 하신 것은 나 혼자만 많이 소유하고, 나 혼자만 배불리 먹고, 나 혼자만 풍족하게 살게 해 달라는 이기적이고 자기중심적인 기도에 머무르지 말고, 하나님의 백성 모두가 다 같이 고르게 배불리 먹고 살 수 있게 해 달라는 간구를 하라는 것이다. 이렇게 볼 때 이 기도는 특히 나 혼자만 잘 먹고 잘 살면 그만이라는, 우리가 흔히 쉽게 빠지는 이기주의와 자기중심주의를 경계하게 하는 기도인 것이다.

특히 이 기도에는 물질만능주의와 물질(물신) 숭배, 즉 맘모니즘(Manmonism)에 대한 강한 경계의 뜻이 들어 있다. 이것은 하나님과 재물을 겸하여 섬길 수 없다(마 6:24)는 예수님의 말씀에도 잘 표현되어 있다. 예수님은 누가복음 12장 15절에서 "삼가 모든 탐심을 물리치라. 사람의 생명이 소유의 넉넉함에 있지 않다."고 말씀하신 후 어리석은 부자의 비유를 들어 소유에 대한 집착과 자기밖에 모르는 이기심과 맘모니즘(물신 숭배)을 지적하시고 그것에 빠지지 않게 주의하라고 가르치셨다. 우리가 기도하는 "오늘 우리에게 일용할 양식을 주옵시고"에는 바로 이러한 깊은 뜻이 함축되어 있는 것이다.

노동의 신성함

그러면 오늘 이 산업사회를 사는 우리가 일용할 양식을 하나님께만 구하고 스스로는 아무 일도 하지 않고, 또한 아무런 저축도 하지 않은 채 살아가도 된다는 것인가? 결코 그런 뜻이 아니다. 사실 이 기도는 노동의 신성함의 의미도 함축하고 있다. 왜냐하면 일용할 양식은 우리의 노동을 필요로 하고, 또한 하나님은 우리의 일용할 양식을 우리의 노동을 통해 주시기 때문이다.

실제로 우리에게 일용할 양식이 필요한 것은 우리의 생명의 존속과 함께 우리의 삶을 위한 활동, 곧 일(노동)을 위해서인 것이다. 따라서 일용할 양식을 간구하는 이 기도에는 우리에게 건강을 주셔서 일용할 양식을 위해 열심히 일하게 해 달라는 중요한 뜻이 포함되어 있는 것이다. 이러한 뜻을 간파한 사도 바울은 노동의 신성함과 또한 노동과 일용할 양식의 긴밀한 관계에 관해 다음과 같이 말하였다.

우리가 들은즉 너희 가운데 게으르게 행하여 도무지 일하지 아니하고 일을 만들기만 하는 자들이 있다고 하니 이런 자들에게 우리가 명하고 주 예수 그리스도 안에서 권하기를 조용히 일하여 자기 양식을 먹으라 하노라(살후 3:11~12)

바울의 말에서도 알 수 있듯 노동과 일용할 양식은 따로 떼어 생각할 수 없다. 그러므로 "오늘 우리에게 일용할 양식을 주옵시고"라고 기도할 때에 그 속에는 오늘 하루도 하나님이 주신 귀중한 시간을 헛되이 쓰거나 나태하게 보내지 않고 열심히 일하며, 또한 우리 각자에게 맡겨진 책임을 다하게 해 달라는 염원이 함축되어 있음을 알아야 한다.

산업사회에 접어들던 18세기에 존 웨슬리(John Wesley)는 그리스도인의 이상적인 노동관, 재물관, 소유관에 관련하여 적극적인 의미로 세 가지 원칙을 제시하였다. (1)열심히 일하고 열심히 기업을 하여 할 수 있는 대로 많이 벌라, (2)할 수 있는 대로 절약하고 검소하게 살면서 가능한 한 많이 저축하라, (3)저축한 것을 선한 일과 타인을 위해 할 수 있는 대로 많이, 또는 전부를 사용하라. 웨슬리의 이러한 제안은 현대 산업사회, 특히 무한경쟁의 자본주의 사회를 사는 우리 그리스도인들에게 좋은 참고가 되리라 믿는다.

예수님 주변에는 많은 불구자들과 가난한 사람들, 소외된 사람들이 있었다. 그들은 하루 한 끼의 양식도 없어 매일을 고통 속에서 살았다. 반면 당시의 지배층인 제사장들과 서기관들, 그리고 로마 정권에 아부하거나 기생하며 사는 사람들은 비교적 경제적 여유를 누리거나 치부하며 살고 있었다. 가진 자와 못 가진 자, 즉 부자와 빈자, 지배자와 피지배자, 착취하는 자와 착취당하는 자, 억누르는 자와 억눌리는 자의 차이와 차별은 어느 시대, 어느 사회에나 있기 마련이다. 이것은 예수님 당시에도 예외는 아니었을 것이다.

바로 이러한 현실을 직접 보고 겪으신 예수님이 "오늘 우리에게 일용할 양식을 주옵시고"라고 기도하게 하신 이유는 무엇일까? 우리는 그 단서를 '우리에게 일용할' 이라는 구절에서 찾을 수 있다. 예수님은 '나' 에게 일용할 양식을 달라고 기도하게 하지 않으시고, '우리' 에게 일용할 양식을 달라고 기도하게 하신 것이다. 그 이유는 무엇일까?

'우리' 를 위한 일용할 양식이란 나만을 위한 양식이 아니라 내 이웃을 포함한 우리 모두에게, 특별히 먹을 것이 없어 굶주리고 고통 당하는 사람들과 더 나아가 지구상의 모든 사람에게 필요한 일용할 양식까지를 의미하는 것이다. 왜냐하면 지구상의 모든 사람이 사랑의 하나님의 관심의 대상이기 때문이다. 따라서 우리는 이 기도를 드릴 때, 나 자신이나 내 가족만을 생각할 것이 아니라 주변의 가난한 사람들에 대한 깊은 관심과 동정심을 가져야 하며, 더 나아가 지구상의 모든 가난한 사람에게 골고루 일용할 양식이 주어지기를 바라는 마음으로 해야 하는 것이다.

일용할 양식과 영적인 양식

끝으로 우리의 '육적 생명(physical life)' 을 위한 양식과 '영적 생명(spiritual life)' 을 위한 양식의 관계에 대해 생각해 보자. 주기도문의 일용할 양식을 위한 간구는 단지 우리의 육적 생명을 위한 양식만을 구하는 기도일까? 결코 그렇다고 할 수 없다. 예수님이 주기도문 전후에 하신 말씀과 복음서 전반에 걸친 그의 교훈을 생각해 보면 이를 쉽게 알 수 있다.

예수님은 광야에서 돌로 떡이 되게 해 보라는 사탄의 시험을 받았을 때, "사람이 떡으로만 살 것이 아니요 하나님께로부터 나오는 말씀으로 살 것이라."고 말씀하셨다. 떡은 육신을 위한 양식이며, 하나님의 말씀은 영적 생명을 위한 양식을 의미한다. 이 말씀을 통해 우리는 예수님의 선교의 궁극적 목표인 하나님 나라의 실현, 즉 인류 구원과 평화 실현의 길에는 인간의 배고픔의 문제를 해결하고 물질적 풍요를 가져오는 물질적인 떡보다 진리의 말씀인 하나님의 말씀, 곧 영적인 양식이 우선적이고 중요함을 깨닫게 된다.

사실 예수님의 선교의 전 관심과 그의 복음(교훈)의 중심 내용은 인간의 물질적인 풍요를 위한 청사진이 아니라, 인간의 본질적인 변화, 곧 인간의 내면적 혁신을 위한 청사진이었다. 다시 말하면 하나님이 주신 하나님 형상(영성)의 온전한 회복, 즉 인간의 영적 생명의 부활을 위한 청사진이었다. 왜냐하면 그것이 하나님의 뜻(창조 목적)이 온전히 실현된 상태로서의 지상의 하나님 나라를 이루는 첩경이며, 또한 인류의 평화와 구원의 길임과 동시에 온 인류가 참된 행복을 누릴 수 있는 지복(至福)의 길이기 때문이었다. 그것을 예수님은 물질적인 떡의 풍요에서 찾지 않고, 오히려 하나님의 진리의 말씀의 풍요, 곧 영적인 양식의 풍요에서 찾으려 하신 것이다.

그러면 인간의 본질적 변화, 곧 근원적인 내적 변화를 가져오는 영적 양식(spiritual food)은 무엇을 뜻하는가? 예수님은 바로 자기 자신을 가리켜 하늘에서 내려와 인간의 영적 생명을 살리고 살지게 하는 '생명의 떡(bread of life)'이라고 말씀하셨다. 생명의 떡이란 무엇을 의미하는가? 이것은 인간의 참 자아, 곧 인간의 내적 본질을 의미하는 영적 생명, 즉 인간의 '영성(spirituality)'이 살 수 있게 하는 '영적 양식'을 의미하는 것이다.

예수님은 영적 생명이 죽어 있는 사람을 '죽은 자들(마 8:22, 눅 9:60)'이라고 칭하신 적이 있으며, 또한 영적 진리를 깨닫지 못하는 사람을 영적인 소경이나 불구자(마 15:14; 23:15~16)로 말씀하시기도 했다. 예수님은 바로 자신이 하나님의 형상대로 지음 받은 인간이 하나님의 형상인 영적 생명, 곧 영성을 지닌 하나님의 참 백성이 되기 위해 반드시 섭취해야 할 참된 양식, 곧 영적 양식이라고 말씀하신 것이다.

예수께서 이르시되 나는 생명의 떡이니 내게 오는 자는 결코 주리지 아니할 터이요 나를 믿는 자는 영원히 목마르지 아니하리라(요 6:35)
진실로 진실로 너희에게 이르노니 믿는 자는 영생을 가졌나니 내가 곧 생명의 떡이라 너희 조상들은 광야에서 만나를 먹었어도 죽었거니와 이는 하늘에서 내려오는 떡이니 사람으로 하여금 먹고 죽지 아니하게 하는 것이니라 나는 하늘에서 내려온 살아 있는 떡이니 사람이 이 떡을 먹으면 영생하리라 내가 줄 떡은 곧 세상의 생명을 위한 내 살이니라 하시니라(요 6:47~51)

이 말씀은 물론 문자적 의미로가 아니라 영적인 의미로, 곧 영성 신학적 의미로 하신 말씀이다. 이 메시지의 핵심은 하나님께로부터 보내심을 받은 하나님의 아들인 예수 그리스도가 인간의 영적 생명을 살리고 영원히 죽지 않는 참 생명, 곧 '영생(eternal life)'을 얻게 하는 분이라는 것이다.

여기서 우리가 유의해야 할 점은 예수님이 자신을 가리켜 하늘에서 내려온 '떡(bread)' 혹은 '생명의 떡'이라고 칭하셨다는 점이다. 따라서 여기서의 떡은 주기도문의 일용할 양식에 직·간접적으로 연결됨을 알 수 있다. 물질적인 떡은 육신의 생명을 위한 필수 요소다.

그런데 예수님은 자신을 가리켜 인간의 영적 생명, 곧 영생을 얻게 하는 '생명의 떡(bread of life)'이라고 말씀하신 것이다. 즉 인간의 영적 생명을 위해서는 반드시 영적 양식인 자신을 취해야(먹어야) 한다는 것이다.

그러면 영생을 얻고 누리기 위해 예수님 자신을 먹고 섭취해야 한다는 것은 어떤 의미일까? 이는 곧 하나님께로 나아가는 길이요 진리인 자신(예수님)을 영접하고, 그와 연합하고, 하나가 되고, 그의 인격과 얼에 동화되어야 한다는 뜻이다. 즉 인간이 참으로 사람다운 사람, 곧 영적 생명이 살아 있는 참 영적인 사람(spiritual person)이 되기 위해서는 하나님의 사랑과 진리의 사람인 '예수 자신', 곧 자신의 영적 생명, 자신의 복음, 자신의 얼, 자신의 마음, 자신의 인격, 그리고 자신이 주는 영적 능력 혹은 하나님께로부터 오는 초월적 능력인 성령을 취해야 한다는 뜻이다.

일찍이 3세기의 교부 오리겐(Origen)은 예수 그리스도가 인간의 영적 성장과 성숙을 위해 꼭 취해야 할 영적 양식임을 강조하였다. 그는 인간을 '내적 인간(inner man)', 즉 하나님의 형상인 영혼과 '외적 인간(outer man)', 즉 육체적 존재로 구분하고, 인간의 육체적 생명을 위해 물질적 음식과 음료가 필요하듯 영혼과 영적 생명을 위해서도 영적 음식과 음료가 있어야만 하는데, 영적 음식은 곧 하나님의 말씀과 하나님의 은혜의 선물인 성령, 그리고 특히 하나님의 사랑과 진리의 화육자인 예수 그리스도라고 했다.

왜냐하면 예수 그리스도는 바로 하나님의 진리와 사랑과 지혜인 '로고스'의 화육자이기 때문이다. 즉 예수 그리스도는 자신 안에 하나님의 사랑과 진리와 지혜이며 또한 영적 광채이며 생명인 '로고스'

를 지니고 있기 때문에 인간의 영적 생명을 살리며, 또한 영적 성장을 가능케 하는 진정한 영적 음식과 음료가 된다는 것이다.

　이런 점으로 미루어 볼 때, 예수님이 주기도문에서 말씀하신 '일용할 양식'이란 단순히 우리의 육체적 생명을 위한 양식만이 아니라 우리의 속사람, 곧 영적 생명을 위한 양식도 포함한다는 사실을 알 수 있다. 왜냐하면 예수님은 인간을 보실 때, 단지 육신만을 생각하지 않고 육과 영이 결합된 통전적 존재로 보셨으며, 오히려 영적인 면을 더 중요시하셨기 때문이다.

　그러므로 주기도문에서 "오늘 우리에게 일용할 양식을 주옵시고"라고 기도할 때, 우리는 우리의 육신을 위한 일용할 양식과 더불어 영적인 양식, 곧 하나님께로부터 오는 신령한 양식(은혜), 특히 하나님의 사랑과 지혜의 화육자이신 예수 그리스도와 그의 영(성령)을 오늘도 우리에게 내려 달라는 기도를 함께 드려야 하는 것이다. 왜냐하면 우리의 육신이 물질적 음식을 먹어야 살 수 있는 것과 같이 우리의 영적 생명은 영적 양식을 취해야 살 수 있기 때문이다. 요컨대 주기도문의 '일용할 양식'에는 우리의 육적인 양식과 영적인 양식의 이중적 의미가 있음을 알아야 한다.

다섯째 간구

용서

우리의 죄(잘못)를 용서해 주소서

주기도문의 다섯 번째 간구는 하나님께 우리의 죄(잘못)를 용서해 달라는 것이다. 그런데 이 기도에는 하나의 전제가 결부되어 있다. 곧 '우리가 우리에게 잘못한 사람들을 용서해 준 것같이' 라는 전제다. 예수님은 이 간구에서 우리가 우리에게 잘못한 사람들을 용서해 준 것같이 하나님께 우리의 잘못(죄)을 용서해 달라고 기도하게 하셨다. 많은 사람들이 이 전제 조건 때문에 이 기도를 자유롭게 하지 못하거나 혹은 마음에 거리낌을 가지고 하거나 아니면 이 기도를 하고 나서 마음의 가책을 느끼기도 한다.

왜냐하면 우리는 인간관계에서 알게 모르게 타인에게 상처를 주기도 하고 타인으로부터 상처를 받기도 하는데, 내가 상처를 입힌 사람들이나 혹은 나에게 상처를 입힌 사람들을 모두 다 용서했다고 자신할 수 없기 때문이다. 어떤 신자는 자기가 입은 상처가 너무나 커서 그 사람을 도저히 용서할 수 없어, 수십 년 동안을 주기도문의 이 부분을 건너뛰어 기도해 오다가, 어느 기회에 큰 회개와 더불어 그 사람을 용서하고 나서 이 부분을 포함한 주기도문 전체를 할 수 있었다는 신앙 간증을 들은 적이 있다.

이것이 바로 예수님이 주기도문에서 "우리가 우리에게 죄지은 자를 용서해 준 것같이 우리 죄를 용서해 주옵소서."라고 기도하게 하신 주된 이유일 것이다. 즉 하나님께 우리 죄를 용서해 달라고 기도할 때마다 우리는 이미 하나님께 큰 용서를 받은 사람들로서 우리 형제들의 잘못을 용서했는지 되돌아보고 또한 용서해 주어야 함을 깨닫게 하신 것이다. 사실 엄밀한 의미에서 보면, 우리가 우리에게 잘못한 사람들을 용서하는 일이 하나님이 우리의 죄를 용서하시는 조건은 아니며, 또한 그렇게 될 수도 없다.

왜냐하면 하나님이 우리의 죄를 용서하시는 것은 무조건적이며, 하나님의 고유 권한이요, 또한 하나님의 신성 자체에 관계되는 것이어서 어떤 다른 원인이나 조건에 좌우되거나 영향을 받는 일이 아니기 때문이다. 다시 말하면 하나님이 우리의 죄와 잘못을 용서하시는 일은 전적으로 사랑의 하나님 자신의 무조건적인 행위이므로, 우리가 우리에게 죄지은 자를 용서하는 일에 좌우될 수 없다는 말이다.

그런 점에서 이 기도는 내용상으로 전후가 바뀐 형태라 할 수 있다. 의미상의 순서로 하자면, '하나님께서 우리의 모든 죄를 용서해 주셨고 또한 이 시간에도 용서해 주시므로, 우리도 우리에게 잘못한 모든 사람의 잘못(죄)을 용서하게 하옵소서.' 라고 기도해야 맞는 순서일 것이다. 우리는 이러한 이치를 마태복음 18장에 기록된 예수님의 비유를 통해 알 수 있다. 일만 달란트(수억 원 상당)의 큰 빚을 왕으로부터 탕감 받은 한 신하가 자신에게 일백 데나리온(100만 원 정도)의 빚을 진 동료를 빚을 빨리 갚지 않는다며 몹시 괴롭히고 결국에는 감옥에까지 가게 하였다.

자기 힘으로 도저히 갚을 수 없는 큰 빚을 왕으로부터 탕감 받은 신하는 마땅히 동료의 작은 빚을 탕감해 주었어야 했다. 예수님은 이 비유를 통해 우리는 하나님께 헤아릴 수 없는 많은 잘못과 죄를 용서받은 자들이므로 형제들의 잘못을 용서해 주는 것이 마땅한 도리임을 말씀하신 것이다. 즉 용서는 하나님께 많은 잘못과 죄를 용서받은 하나님의 자녀로서 마땅히 해야 할 의무라는 것이다. 이것이 성서적인 교훈의 내용이다.

그런데도 예수님이 주기도문에서 "우리가 우리에게 죄지은 자를 용서해 준 것같이 우리 죄를 용서하옵소서."라고 기도하게 하신 이유는 무엇일까? 그것은 아주 실제적인 이유에서라고 생각한다. 즉 이 기도를 할 때마다 우리가 우리 형제의 잘못을 용서했는지 생각나게 하고, 또한 이 기도를 온전히 할 수 있기 위해 형제의 잘못을 용서하지 않으면 안 됨을 깨닫게 하기 위함이라는 것이다.

다시 말하면 우리가 하나님의 백성으로서 하나님의 사랑과 용서의 은혜를 깊이 깨달음과 함께 우리 자신도 용서의 삶, 곧 용서의 생활을 하게 하기 위함인 것이다. 그래서 예수님은 주기도문에서 우리의 죄에 대한 하나님의 용서와 우리 형제들의 죄에 대한 우리의 용서를 연결시켜 놓으신 것이다. 다시 말하면 하나님의 용서의 큰 은혜를 입고 사는 우리는 마땅히 형제의 잘못(죄)을 용서해야만 한다는 점을 이 기도에 명시하신 것이다.

어느 누가 형제의 잘못을 용서하지 않고서 "우리가 우리에게 죄지은 자를 용서해 준 것같이 우리 죄를 용서하옵소서."라는 기도를 마음 편하게(자유롭게) 할 수 있단 말인가? 만일 우리의 마음속 깊은 곳에 어느 형제의 잘못에 대해 섭섭한 생각이나 맺힌 감정이 남아 있다면 이 기도를 드릴 때 바로 양심의 가책을 받게 될 것이다. 그리고 바로 그 형제의 잘못을 용서해야겠다는 마음을 갖게 되고, 또한 실제로 용서를 결심하게 될 것이다.

그런 점에서 이 기도는 하나님의 백성인 그리스도인들의 용서의 신앙, 용서의 삶에 대한 성찰과 실행을 위한 기도라고 말할 수 있다. 다시 말하면 이 기도를 함으로써 형제의 잘못을 용서하지 않을 수 없게 하는, 즉 우리에게 온전한 용서의 삶을 살게 하는 강한 책임 인식과 동기 부여, 그리고 압박 수단이 내포되어 있다는 말이다.

용서의 하나님

그러면 용서의 영성적 의미는 무엇이며, 우리는 왜 용서의 삶을 살아야 하는가? 예수님의 복음의 핵심은 사랑의 하나님에 관한 것이다. 그런데 하나님의 사랑은 바로 우리의 죄와 허물들에 대한 용서로 나타났다. 즉 예수님이 우리에게 알려 주신 사랑의 하나님은 바로 용서의 하나님이시다. 그리고 예수님은 그 하나님의 용서의 사랑을 자신의 말씀과 삶을 통해 구체적으로 보여 주셨다. 누가복음 15장에 기록된 탕자의 비유도 용서하시는 하나님의 사랑을 드러내는 예수님의 가르침 중 하나다.

집을 나가 허랑방탕한 생활로 받은 재산을 모두 탕진하고 거지가 되어 돌아온 아들을 그의 모든 과오는 불문에 부친 채 크게 기뻐하며 환대하는 아버지의 모습을 통해 예수님은 많은 죄와 잘못에도 불구하고 인간을 사랑으로 용서하고 용납해 주시는 하나님을, 곧 하나님의 용서의 사랑을 잘 묘사해 주셨다. 즉 예수님이 우리에게 보여 주신 하나님은 사랑의 하나님인데, 그 사랑은 바로 용서하는 사랑인 것이다. 따라서 하나님의 사랑은 곧 그의 용서며, 그의 용서가 곧 그의 사랑인 것이다.

용서의 하나님 상은 구약성서에서도 찾아볼 수 있다. 구약성서가 보여 주는 하나님은 흔히 공의의 하나님 또는 심판 주 하나님으로 인식되어 있지만, 사실은 구약의 하나님의 참 모습은 자비와 사랑의 하나님, 인자와 긍휼의 하나님, 곧 용서의 하나님이다. 밧세바와 동침한 후 그녀의 남편인 충신 우리아 장군을 전장(戰場) 최일선에 내보내 전사케 하고 그 여인을 아내로 취하는 큰 범죄를 저지른 다윗 왕이 나단 선지자의 책망을 듣고 크게 회개하는 기도가 시편 51편에 잘 기록되어 있다.

이 기도는 다윗 왕의 회개의 기도임과 동시에 하나님께 용서를 구하는 기도다. 그는 하나님은 자비와 긍휼이 많으시며 용서하시는 하나님임을 굳게 믿었기에 이렇게 기도한 것이다.

> 하나님이여 주의 인자를 따라 내게 은혜를 베푸시며 주의 많은 긍휼을 따라 내 죄악을 지우소서 나의 죄악을 말갛게 씻으시며 나의 죄를 깨끗이 제하소서 무릇 나는 내 죄과를 아오니 내 죄가 항상 내 앞에 있나이다 …… 우슬초로 나를 정결케 하소서 내가 정하리이다 나의 죄를 씻어 주소서 내가 눈보다 더 희리이다 …… 하나님이여 나의 구원의 하나님이여 피 흘린 죄에서 나를 건지소서 내 혀가 주의 공의를 높이 노래하리이다(시 51:1~14)

다윗의 이 기도에서 우리는 자신이 저지른 죄과에 대한 그의 뼈

저린 자책과 깊은 회개와 함께 긍휼하신 하나님의 용서에 대한 확신을 엿볼 수 있다. 그래서 그는 "하나님이여, 주의 인자를 따라 내게 은혜를 베푸시며 주의 많은 긍휼을 따라 내 죄악을 지우소서."라고 기도한 것이다. 또한 한 걸음 더 나아가 "우슬초로 나를 정결케 하소서, 내가 정하리이다. 나의 죄를 씻어 주소서, 내가 눈보다 더 희리이다."라고 읊조렸다. 여기서 우리는 하나님의 긍휼과 용서에 대한 그의 확신이 얼마나 강하였는지를 짐작할 수 있을 뿐만 아니라, 그가 얼마나 처절하게 하나님 앞에 자신의 잘못을 통회하였는지를 알 수 있다.

이 사실에서 우리는 하나님의 용서에는 우리의 회개가 전제되어야 함을 깨닫게 된다. 한편 선지자 이사야도 용서하시는 하나님의 자비와 긍휼을 다음과 같이 선포하였다. "여호와께서 말씀하시되 오라, 우리가 서로 변론하자. 너희의 죄가 주홍 같을지라도 눈과 같이 희어질 것이요, 진홍같이 붉을지라도 양털같이 희게 되리라(사 1:18)." 이 말씀은 구약성서에서 용서의 하나님 상을 가장 잘, 가장 분명하게 나타낸 말씀으로 보인다. 예수님은 바로 이러한 자비와 긍휼의 하나님, 즉 인간의 허물과 죄과를 덮어 주시고 씻어 주시는 하나님, 곧 용서하시는 하나님을 가장 확실하고 분명하게 우리에게 알려 주신 것이다.

즉 용서의 하나님이 바로 예수님의 하나님 인식의 핵심이며, 또한 우리 신앙의 근거다. 우리는 예수님을 통해 바로 이 용서의 하나님을 알게 되고 만나며 의지하고 살게 된 것이다. 이것이 바로 기독교 신앙의 초석이며 근본이다. 하나님이 용서의 하나님이시기 때문에 우리는 그 은혜를 감사하고 찬양하며 오늘도 새 힘을 얻어 좌절과 낙망의 현실 속에서도 희망을 가지고 살아가게 되는 것이다.

사랑과 용서

예수님의 복음의 핵심은 두말할 필요 없이 사랑이다. 하나님을 마음과 뜻과 힘을 다해 사랑하고, 이웃을 내 몸과 같이 사랑하는 것이다. 그런데 참 사랑, 곧 가장 큰 사랑, 곧 사랑의 극치는 무엇으로 표현되는가? 바로 원수를 사랑하는 일, 즉 형제의 모든 잘못을 용서하고 그를 위해 축복의 기도를 하는 일이다. 이것이 인간이 할 수 있는 가장 강하고 큰 사랑이다. 하나님의 인류에 대한 사랑도 바로 용서로 나타났다.

하나님의 위대한 사랑은 말로 다 할 수 없이 크고 무거운 우리의 많은 죄와 잘못들을 용서하심으로 나타났다. 하나님이 세상(인간)을 지극히(이처럼) 사랑하시기에 심판하고 징벌하지 않으시고 오히려 그 죄를 용서하시고 구원하시기 위해 독생자를 세상에 보내셔서 십자가에 죽게까지 내버려두신 것이다. 이처럼 예수님의 십자가는 다름 아닌 하나님의 용서의 사랑의 증표인 것이다.

예수님은 하나님의 용서의 사랑에 대해 말씀해 주셨을 뿐만 아니라 우리에게도 용서의 삶을 살라고 가르치셨다. 베드로가 예수님에게 질문했다. "주여, 형제가 내게 죄를 범하면 몇 번이나 용서하여 주리이까? 일곱 번까지 하오리까?" 그 때 예수님은 "일곱 번뿐 아니라 일흔 번씩 일곱 번이라도 할지니라(마 18:21~22)."고 말씀하셨다. 이 말씀은 용서에는 어떠한 조건이나 한계가 없음을 가르치신 것이다. 그뿐 아니라 예수님은 진정한 사랑은 형제의 잘못을 용서하는 데 그치지 않고 원수까지 사랑하는 것이라고 말씀하셨다.

그러나 내가 너희에게 이르노니 너희 원수를 사랑하며 너희를 미워하는 자를 선대하며 너희를 저주하는 자를 위하여 축복하며 너희를 모욕하는 자를 위하여 기도하라 …… 너희가 만일 너희를 사랑하는 자만을 사랑하면 칭찬받을 것이 무엇이냐 죄인들도 사랑하는 자를 사랑하느니라 …… 오직 너희는 원수를 사랑하고 선대하며 아무것도 바라지 말며 꾸어 주라 그리하면 너희 상이 클 것이요 또 지극히 높으신 이의 아들이 되리니 그는 은혜를 모르는 자와 악한 자에게도 인자하시니라 너희 아버지의 자비로우심같이 너희도 자비로운 자가 되라(눅 6:27~36)

'원수까지 사랑하라!' 이것이 예수님의 복음의 핵이며, 기독교를 인류의 희망의 종교로 승화시키는 중심 메시지다. 기독교(교회)가 세계 모든 사람(종교인들)에게 기독교 복음의 '특수성(uniqueness)'을 내세우며 복음을 전할 수 있는 근거가 바로 이 '원수 사랑'의 정신에 있는 것이다. 만일 기독교에 이 정신(복음)이 없다면 기독교는 세계의 여러 평범한 종교들 중 하나에 불과할 것이다. 사랑의 극치인 이 원수 사랑의 정신이 있기 때문에 기독교는 온 인류를 한 가족으로 통일하고, 참 평화와 구원으로 인도할 힘이 있는 것이다.

예수님은 이 원수 사랑의 힘이 바로 하나님의 사랑에 기초함을 말씀하여 주셨다. 왜냐하면 인간의 노력이나 힘만으로 원수를 사랑하는 것은 불가능하며, 또한 형제를 진정으로 용서할 수도 없기 때문이다. 그래서 "너희 아버지의 자비로우심같이 너희도 자비로운 자가 되라(눅 6:36)."고 말씀하신 것이다.

한편 이 말씀과 같은 맥락에서 마태는 "하나님의 완전하심같이 너희도 완전하라."고 기록하였다. 왜냐하면 하나님의 사랑은 하나님의 완전성을 나타내는 사랑으로서, 선인과 악인의 구별을 넘어서며 또한 그들을 용서하고 구원으로 인도하시기 때문이다. 따라서 하나님의 자녀인 우리도 하나님의 사랑으로 형제의 잘못을 용서할 뿐 아니라 원수까지도 사랑하고 용서해야 하는 것이다.

그런 점에서 원수 사랑과 용서는 하나님의 자녀인 그리스도인의 마땅한 의무임과 동시에 특권이라고 말할 수 있다. 예수님은 바로 이 원수 사랑과 용서의 모범을 스스로 보여 주셨다. 그는 고통의 십자가에서 맞는 죽음의 순간에도 자신을 죽음으로 몰고 간 사람들의 잘못을 용서해 달라고 기도하셨다. "아버지여, 저들을 용서하여 주옵소서. 저들은 자기들이 하는 일을 알지 못함이니이다."(눅 23:34)

여기서 우리는 예수님이 원수 사랑과 용서에 대한 교훈을 주셨을 뿐만 아니라 자신이 직접 그 모범을 보여 주셨음을 알 수 있다. 그런 점에서 '십자가의 도'는 자기를 전적으로 부인하고 죽기까지 낮추는 지고의 겸손의 도임과 동시에 원수 사랑과 용서의 도라고 말할 수 있다. 그러므로 "자기 십자가를 지고 나를 따라오라."고 하신 예수님의 말씀은 바로 우리에게 원수까지도 사랑하고 용서하는 진정한 용서의 삶을 살라는 말씀과 같은 의미인 것이다.

의인이며 죄인인 인간

예수님은 주기도문에서 우리가 우리에게 잘못한 사람들을 용서해 준 것같이 우리의 죄를 용서해 달라고 기도하게 하셨다. 왜 예수님은 사죄의 큰 은혜를 입고 있는 우리에게 계속해서 죄의 용서를 구하게 하셨을까? 하나님의 사죄의 은혜는 한 번으로는 충분치 않은 것일까? 이것은 매우 중대하고 또한 어려운 질문이다. 왜냐하면 이 문제는 기독교 신앙의 중심 교리인 은총론과 구원론, 그리고 그와 관련한 인간론과 기독론, 심지어 신론에까지 연결되는 문제이기 때문이다.

그러나 우리는 이 문제의 해답을 우리의 일상생활에서 찾아야 한다. 우리는 매일 매순간을 육체적인 감각적 충동과 영적인 신앙 사이의 긴장관계 속에서 살아간다. 또한 사회적 부조리와 악의 순환 속에서 살고 있다. 우리는 믿음으로 하나님의 용서의 은혜 속에 있지만 여전히 감각적인 충동을 일으키는 약한 육체를 가지고 하나님 앞에서 죄로 얼룩지고 상처 난 모습으로 살아간다.

이것은 마치 로마서 7장에 기록된 사도 바울의 고백과 같다. 즉 믿음으로 은혜 아래 사는 우리이지만 우리 내면에서는 여전히 하나님을 기쁘시게 하는 법과 나와 내 육체를 기쁘게 하는 법이 서로 충돌하고 싸우고 있다는 것이다. 이것이 바로 인간의 실존 모습이다. 그러기에 사도 바울도 "오호라, 나는 곤고한 자로다. 누가 나를 이 사망의 경지에서 구해 줄 것인가?"라고 탄식하지 않았던가?

종교개혁자 마틴 루터는 그리스도인 실존의 자리 매김을 '의인이며 동시에 죄인(simul justus et peccator)'이라는 말로 요약했다. 그리스도인은 하나님의 은혜로 과거의 모든 죄를 용서받아 의인으로 인정해 주심을 받았지만 그렇다고 예수님처럼 죄성(죄의 뿌리)이 완전히 소멸된 온전한 의인이 된 것은 아니다.

더구나 인간은 아무리 과거의 죄와 허물들을 다 용서받았다 하더라도 절대자(완전자)이신 하나님 앞에서는 말할 수 없이 무지하고 미천하고 불완전하며 불충한 죄인임을 고백하지 않을 수 없다. 그래서 루터가 그리스도인들을 가리켜 '용서받은 죄인', 즉 '의인이며 동시에 죄인'이라고 표현한 것이다.

예수님은 "여자를 보고 마음으로 음욕을 품은 것이 바로 간음을 행한 것이라(마 5:28)."고 하셨고, 또한 "누구든지 나를 믿는 이 작은 자 중 하나를 실족케 하면 차라리 연자 맷돌을 목에 걸고 깊은 바다에 빠지는 것이 나으니라(마 18:6)."고 경고하셨다. 또한 야고보 사도는 "사람이 선을 행할 줄 알고도 행치 아니하면 죄이니라(약 4:17)."고 했으며, 선지자 이사야는 선민 이스라엘의 불신앙을 탄식하며 민족 및 사회적 죄악의 연대성을 상기시키고 온 백성의 회개를 촉구했다. "슬프다, 범죄한 나라요 허물진 백성이요 행악의 종자요 행위가 부패한 자식이로다. 그들이 여호와를 버리며 이스라엘의 거룩하신 이를 만홀히 여겨 멀리하고 물러갔도다(사 1:4)." 위의 말씀들에 비추어 볼 때, 이 세상에 죄에서 완전히 자유로운 사람은 없을 것이다.

특히 사도 요한은 만일 우리가 하나님 앞에서 범죄하지 아니하였다고 주장하면 자기 스스로를 속일 뿐 아니라 하나님을 거짓말하는 이로 만드는 일이 된다고 하며(요일 1:8,10), 그러나 "만일 우리가 (하나님 앞에서) 우리 죄를 자백하면 그는 미쁘시고 의로우사 우리 죄를 사하시며 모든 불의에서 우리를 깨끗하게 하실 것이라(요일 1:9)."고 단언하였다. 즉 우리가 하나님 앞에서 죄 없다고 말하는 것은 자기 자신과 하나님을 기만하는 행위가 되고, 반대로 우리의 죄악을 하나님 앞에 자백하면 모든 허물과 죄를 용서받게 된다는 것이다.

여기서 우리는 사도 요한이 회개와 함께 하나님께 용서를 빌 것을 권고하였음을 알 수 있다. 이것이 바로 주기도문에서 우리가 하나님께 용서를 구하는 이유인 것이다. 그러므로 우리는 매일 그리고 수시로, 마음으로나 행동으로, 의식적으로(알게)나 무의식적으로(모르게)

지은 죄와 허물들을 용서해 달라고 기도해야 한다.

이는 마치 우리가 매일 "오늘 우리에게 일용할 양식을 주옵소서."라고 기도하는 것과 같은 것이다. 우리에게 일용할 양식이 필요한 것과 같이 우리 죄의 용서도 매일 매시간 필요한 것이다. 왜냐하면 우리의 죄에 대한 하나님의 용서도 일용할 양식과 마찬가지로 우리에게 필수적이며 긴요한 것이기 때문이다.

엄밀한 의미에서 인간은 하나님의 용서 없이는 단 하루도, 아니 한순간도 살아갈 수 없는 존재다. 왜냐하면 인간은 끊임없이 허탄한 생각을 하고, 자기사랑과 자기자랑에 빠지며, 마음으로 죄를 범하기 때문이다. 그런 점에서 하나님의 용서는 우리에게 일용할 양식 못지않게 중요하고 긴요한 것이라고 말할 수 있다. 왜냐하면 일용할 양식 없이는 우리의 육신이 살 수 없는 것과 같이 하나님의 용서 없이는 우리의 영혼, 곧 영적 생명이 평화를 누리며 살아갈 수 없기 때문이다.

영적인 사람은 어떤 사람인가? 바로 하나님 앞에서 자신의 허물과 부족함을 깊이 느끼고, 또한 자기 안에 있는 죄성의 크고 깊음을 깨닫는 사람이다. 기독교 영성사에 큰 업적을 남긴 성자들이나 영성가들은 바로 그러한 사람들이었다. 영적인 사람일수록, 그리고 그의 영성이 깊을수록 하나님 앞에서 자신의 부족함, 즉 위선과 나태함과 용기 없음과 선을 알고도 행치 않음과 타인에 대한 무관심과 냉정함, 그리고 자신을 하나님보다 사랑하는 불경과 불신앙(믿음 없음)을 더욱 깊이 회개하고 용서를 구하게 되는 것이다. 그런 점에서 "우리의 죄를 용서해 주옵소서."라는 기도는 어떤 기도보다도 중요하고 긴요한 기도임을 알 수 있다.

용서와 해방과 평화

예수님은 주기도문에서 우리가 우리에게 죄지은 자를 용서해 준 것같이 우리의 죄를 용서해 달라고 기도하게 하셨다. 즉 하나님께로부터 용서를 받기 위해 우리가 우리에게 죄지은 자를 용서해 주어야 함을 말씀하신 것이다. 왜 예수님은 하나님께 용서를 구하기에 앞서 우리가 우리 형제의 허물과 죄를 용서해 준 것과 같이 우리 죄를 용서해 달라고 기도하게 하셨을까?

그것은 우리에게 철저한 용서의 삶을 살게 하기 위함이다. 예수님은 왜 이토록 우리가 용서의 삶을 살기를 바라셨을까? 용서의 삶이 우리에게 무엇을, 어떠한 결과를 가져오기에 그럴까? 예수님이 우리에게 용서의 삶을 주시려고 한 것은 용서가 마음의 평화와 자기해방을 가져오기 때문이다. 민감한 감정의 존재(동물)인 인간은 수시로 남에게 상처를 입히고, 또한 누군가로부터 상처를 받으며 살아간다. 그것은 부부 간에도 가족 간에도 교우 간에도 친구 간에도 또한 이웃이나 작은 공동체의 구성원 간에도, 나아가서는 집단과 공동체 간에도, 심지어 종족과 민족 및 국가 간에도 마찬가지다.

인간은 무심코 던진 말 한 마디나 작은 행동 하나로도 큰 상처를 받고 또한 상처를 준다. 한번 받은 마음의 상처는 좀처럼 지워지지 않고 오래 간직되며, 때로는 원한이나 증오로 심화된다. 원한과 증오가 쌓일 때, 우리 마음에는 평화가 사라지고 심각한 정신적 고통과 병이 생기게 된다. 그리고 그것은 큰 불행의 원인이 된다.

실존주의 철학자 키에르케고르는 인간 실존, 즉 인간의 마음(영혼) 깊은 곳에 깔려 있는 공통적인 현상은 '불안(anxiety)'이고, 이 불안이 쌓이면 '절망'이 되며, 그리고 절망은 곧 '죽음에 이르는 병 (sickness to death)'이라고 했다. 그런데 이 불안과 절망의 근본 원인은 무엇일까? 그것이 바로 마음속 깊은 곳에 잠재해 있는, 우리가 받은 마음의 상처로 인한 미움과 분노, 혹은 노여움과 실망감이다.

이것은 우리 마음속 깊이 잠복해 있다가 갑자기 나타나 우리를 괴롭히고 더할 수 없는 마음의 고통으로 끌고 간다. 마음속에 미움이나 분노가 남아 있는 한 우리는 무언가에 얽매어 있는 것이며, 따라서 우리 마음은 참으로 자유로울 수가 없는 것이다. 이 마음의 병으로부터 놓임을 받는 해방의 길은 무엇인가? 그것이 바로 예수님이 친히 모범으로 보여 주신 '용서'의 삶인 것이다.

용서는 우리 마음의 병과 고통의 근본 원인인 미움과 분노를 없애 주고, 또한 그것에서 해방시켜 주는 최상의 약이며 방법인 것이다. 그런 의미에서 용서는 우리의 깊은 마음의 병을 치유해 주며, 동시에 마음의 평화를 가져오는 최상의 길이다. 이것은 다만 개인에게만 국한되는 것이 아니라 모든 인간관계, 즉 공동체와 집단 및 민족과 국가 관계에까지 적용된다.

그런 점에서 용서는 개인과 공동체, 나아가 세계와 인류 평화의 지름길이 되는 것이다. 지구상에 일어난 큰 전쟁도 종족 혹은 종교, 민족 혹은 국가 간의 작은 오해나 감정 대립과 충돌에서 비롯된 것임을 우리는 잘 알고 있다. 그러므로 주기도문의 용서의 기도, 즉 "우리가 우리에게 죄지은 자를 용서해 준 것같이 우리의 죄를 용서해 주옵소서."라는 기도는 다른 어느 기도보다도 중요하고 큰 의미가 있는 것이다.

그러므로 그리스도인들은 예수님의 다음의 말씀을 늘 기억하며 살아야 한다. "눈은 눈으로 이는 이로 갚으라 하는 말을 너희가 들었으나 …… 나는 너희에게 이르노니 네 원수를 사랑하며 너희를 박해하는 자를 위하여 기도하라(마 5:38, 44)." "…… 용서하라, 그리하면 너희가 용서를 받을 것이다."(눅 6:37)

여섯, 일곱째 간구

시험과 유혹, 그리고 악

시험에 들게 마시고 악에서 구해 주소서

주기도문의 마지막 부분인 여섯 번째와 일곱 번째 간구는 "우리를 시험(유혹)에 들게 하지 마옵시고"와 "우리를 악에서 구하옵소서."다. 그런데 이 두 기도는 문장의 구조로나 내용상으로 보아 분리된 별개의 기도로 보기보다는 하나로 묶어 보는 것이 좋을 것 같다. 왜냐하면 이 문장은 "우리를 시험에 들게 하지 마옵소서."와 "다만 악에서 구하옵소서."라는 두 문장이 연결어로 결합되어 한 문장이 되었으며, 내용상 인과관계에 있기 때문이다. 즉 우리가 당하는 시험을 이기지 못하고 넘어지는 결과가 곧 악의 늪에 빠지는 일인 것이다. 그러므로 이 마지막 두 기도는 하나로 연결시켜 생각하는 것이 좋을 것이다.

이 기도의 목적은 어디에 있으며, 또한 예수님은 왜 이 기도를 주기도문의 마지막 부분에 놓으셨을까? 그것은 바로 인간의 나약함과 불완전성, 곧 인간성의 약점을 잘 아셨기 때문이다. 요한복음 2장에는 유월절 절기에 예수님이 예루살렘에서 행하신 표적들을 보고 많은 사람들이 믿었으나 예수님이 그들에게 자신의 몸을 의탁하지 않은 것은 "그가 친히 모든 사람을 안 때문이요," 또한 사람에 대하여 누구의 증언도 요구하지 않은 이유도 "그가 친히 사람의 속에 있는 것을 아셨기 때문이라(요 2:23~25)."고 기록되어 있다.

　여기 '사람의 속에 있는 것'이란 바로 '인간의 본성'을 의미하는 것으로서, 이 말씀은 예수님이 인간의 유한성에서 오는 모든 약점, 곧 인간 본성의 부패하고 타락하기 쉬운 점과 마음의 간사함과 변하기 쉬운 점, 그리고 시험이나 유혹에 약한 점 등을 잘 알고 계셨음을 보여 준다. 그래서 예수님은 주기도문 말미에서 매일의 삶에서 당하기 쉬운 여러 종류의 시험과 유혹에 넘어지지 않게 해 달라고, 또한 정신적으로나 육체적으로 악한 행위를 하거나 악한 환경(굴레)에 빠지지 않을 뿐더러 거기에서 나오게 해 달라고 기도하게 하신 것이다.

　인간은 예수님이 간파하신 것처럼 지극히 연약한 존재이기 때문에 이 기도는 매우 중요하다. 종교개혁자 루터는 인간의 연약성을 깨지기 쉬운 '유리 그릇'에 비유했고, 파스칼(Pascal)은 인간을 아주 약한 바람에도 흔들리는 '갈대' 같은 존재로 묘사하기도 하였다.

　인간은 한편으로 지고한 지성을 지닌 이성적인(사색하는) 존재, 또는 '신의 형상(imago dei)'을 지닌 영적인 존재로서 만물의 영장이라고 자부하지만, 다른 한편으로는 동물적인 속성을 지닌 육체를 가진 존재이기 때문에 더 많은(다양한) 정신적 육체적 유혹과 시험에 직면하게 되는 것이다. 사도 바울은 인간 실존의 실상을 육체와 영성의 충돌로 인한 견딜 수 없는 깊은 고통으로 묘사했다.

　내 속사람으로는 하나님의 법을 즐거워하되 내 지체 속에서 한 다른 법
　이 내 마음의 법과 싸워 내 지체 속에 있는 죄의 법으로 나를 사로잡는
　것을 보는도다 오호라 나는 곤고한 사람이로다 이 사망의 몸에서 누가
　나를 건져내랴 (롬 7:22~24)

우리는 사도 바울의 이 고백에서 인간의 가장 솔직하고도 가장 깊은 영적 고백과 고뇌와 절규를 읽을 수 있다. 영적인 사람은 어떤 사람인가? 영적인 사람은 마음속에 아무런 충돌이나 갈등이 없는 사람이 아니라 많은 충돌을 겪으면서도 하루하루 이를 극복해 가는 사람을 말한다. 마음속에 아무런 충돌이나 갈등이 없는 사람은 이 세상에 하나도 없을 것이다.

역사에 큰 족적을 남긴 영적 대 스승들이나 성자들은 어떤 사람들이었을까? 마음속에 아무런 충돌이 없는 사람들이었을까? 결코 아니다. 어떤 의미에서 그들은 보통 사람들보다 더욱 심각하고 강렬한 정신적(영적) 갈등과 충돌을 경험했으며, 또한 영적 성숙의 단계에 이를수록 충돌의 강도는 더해 갔음을 알아야 한다. 이러한 사실을 우리는 4세기의 이집트 광야의 수도자 성 안토니의 삶과 그의 수도 과정에서 읽을 수 있다. 그러나 그들은 바로 이런 충돌을 매일 겪으면서도 거기에 넘어지지 않고 이겨낸 것이다. 그러기에 그들은 누구보다 더 열심히 더 간절히 "우리를 시험에 들게 하지 마옵시고, 모든 악에서 구하옵소서."라는 이 기도를 행했을 것이다.

시험과 유혹

주기도문의 마지막 간구인 "시험에 들게 하지 마옵시고"에서 '시험'이란 무엇이며, '시험(test)'과 '유혹(temptation)'은 어떻게 다른지 살펴보자. 성경에는 하나님이 아브라함의 믿음을 시험하기 위해 백 세에 낳은 아들 이삭을 제물로 바치라고 명령하셨다는 기록(창 22장)이 있다. 또한 사탄이 하나님의 허락을 받아 욥의 믿음을 시험하기 위해 여러 가지 무서운 재난을 내렸다는 기록(욥기서)도 있다.

여기서 아브라함과 욥에게 부과된 '시험(test)'은 그 사람을 파멸로 인도하려는 것이 아니라 비록 일시적으로는 마음의 고통과 시련, 때로는 큰 고난을 동반하지만 그것은 어디까지나 그 사람의 영적 성장과 성숙을 위한 수단으로 행해지는 것이다. 따라서 시험은 궁극적으로 그 사람의 영적 성숙과 성장을 위한 훈련과 연단의 성격을 띤다.

아브라함은 백 세에 얻은 아들 이삭을 제물로 바치라는 인륜상으로는 도저히 따를 수 없는 고통스러운 하나님의 명령에 순종함으로써 믿음의 조상이 될 수 있었으며, 욥은 모든 것을 잃고 말할 수 없는 치욕과 죽음의 문턱에까지 가야 하는 그 큰 시련 속에서도 하나님을 원망하지 않고 믿음을 지킴으로써 하나님의 실재를 귀로만 들어 아는 상태를 넘어 눈으로 직접 볼 수 있는 영적 대 각성의 경지에 이를 수 있었다.

인간은 때때로 예상치 못한 시련과 고난을 만난다. 갑자기 큰 재난을 당할 수도 있고, 사업에 실패할 수도 있으며, 사랑하는 사람을 잃을 수도 있고, 계획했던 일이 일시에 물거품이 되어 버릴 수도 있다. 우리는 이런 일들을 통해 큰 시련에 직면하고, 어쩌면 시험에 빠질 수도 있다. 욥의 경우가 바로 그런 경우 중 하나다. 그러나 이런 시련과 시험은 모두 우리를 영적으로 더욱 성장시키는 수단이 될 수 있음을 잊지 말아야 한다.

하지만 이런 시련과 시험에 직면할 때, 우리는 말할 수 없는 고통을 겪게 된다. 이런 경우에 믿음에 굳게 서서 잘 인내하지 못하면 자칫 절망하고 자포자기에 빠져 모든 것을 잃을 수도 있다. 따라서 우리는 이런 시련과 시험에 들지 않게 "우리를 시험에 들게 하지 마옵시고"라고 기도해야 하는 것이다. 왜냐하면 하나님의 은혜와 도우심 없이는 이런 시련과 시험(고통)을 이겨나가기가 매우 어려우며, 또한 이런 시련과 시험에 빠지게 되면 너무도 큰 고통을 겪어야 하기 때문이다.

또 하나의 시험은 악의 세력인 사탄의 유혹과 같은 것으로서, 이 것은 사람을 파멸의 구렁텅이로 인도해 간다. 이것은 시험(test)이라기 보다는 '유혹(temptation)'을 뜻한다. 예수님이 주기도문에서 말씀하신 '시험'은 우리를 타락과 사망의 길로 인도하는 것으로서, 바로 이 '유혹'에 해당한다. 따라서 이 기도의 의미를 정확히 표현하자면, '우리를 파멸로 인도하는 어떠한 유혹에도 빠지지 않게 하시고, 모든 악의 세력으로부터 벗어나게 하옵소서.'라는 뜻이다.

이 유혹은 우리를 파멸로 이끄는 무서운 것으로서, 하나님의 선하신 뜻에 반하며 이를 거역하는 악한 세력인 사탄과 마귀의 활동과 관계되어 있다. 성경엔 사탄(Satan)과 마귀(devil)의 활동에 대한 언급이 많다. 그러나 그들의 실재성에 관해서는 아직도 신학적으로 일치된 견해에 이르지 못하고 있다. 사탄의 기원은 분명치 않으나 성경에는 타락한 천사(루시퍼)로 기록되어 있으며(사 14:12), 마귀는 이 사탄의 세력 하에 있는 영물들(spirits)로서, '악한 영(evil spirit)', '더러운 영(unclean spirit)', '속이는 영(lying spirit)', 또는 '이 세상 영(the worldly spirit)' 등으로 일컬어진다.

또한 이들은 신자를 넘어지게 하고 타락의 길로 이끌어 가는 악한 세력으로서, 유혹자(tempter), 참소자, 또는 미혹자(seducer)들로 묘사된다. 광야에서의 40일간의 기도 후에 예수님을 시험한 것도 이 마귀며, 간교한 짐승으로 상징되는 뱀을 통하여 아담과 이브를 타락하게 한 것도 바로 이 사탄과 마귀의 간교였다.

그러나 사탄과 마귀는 하나님의 권능에 대항할 수 없으며, 또한 하나님의 권능의 영역(지배)을 벗어날 수도 없다. 따라서 이들은 하나님의 권능 앞에서는 무력한 존재다. 그러므로 하나님의 백성은 이들 마귀나 사탄을 두려워할 필요도 이유도 없다.

한편 마귀는 인간의 정신(마음) 활동과 밀접하게 관계되어 있다. 이 말은 곧 사탄과 마귀는 인간의 마음이나 생각, 즉 정신 활동 속에서 작용한다는 것이다. 즉 이들은 우리의 마음과 생각의 허점이나 약점, 곧 불신앙의 공간에서 활동한다. 그런 점에서 사탄의 유혹은 객관적 실체성보다는 오히려 그 사람의 마음속에서 일어나는 주관성의 성격이 더 강한 면이 있음을 알 수 있다.

십자가의 길로 가지 말자고 만류하는 베드로에게 예수님은 "사탄아, 내 뒤로 물러가라."고 말씀하셨는데, 이는 사탄이 바로 베드로의 인간적인 생각 속에 작용하고 있음을 아셨기 때문이다. 간교한 뱀이 이브에게 하나님이 동산의 모든 과일을 따먹지 말라고 하신 것이 사실이냐고 질문한 것도 바로 이브의 생각(마음) 속에 그런 의심을 제기한 것이다. 또한 마귀가 광야에서 예수님을 시험할 때에도 예수님의 마음속에서 유혹(시험)의 소리로 속삭인 것이다. "이 돌로 떡이 되게 하라.", "이 성전에서 뛰어내려 보아라. 천사들이 너를 보호해 줄 것이다.", "나에게 절하고 나를 섬겨라. 그리하면 이 세상의 모든 영광과 권세를 네게 주겠다."

이런 점들로 미루어 볼 때, 사탄과 마귀의 활동은 바로 인간의 마음과 영혼의 세계, 곧 정신적 활동 속에서 일어나는 현상임을 알 수 있다. 이렇게 보면 사탄과 마귀의 유혹은 나 밖의 외부에서 오는 것이 아니라 나의 내부에서 오며, 또한 나 자신의 잘못된 생각과 판단에 밀접하게 관계되는 것임을 알 수 있다. 그런 점에서 나의 시험자와 미혹자는 타자가 아닌 바로 나 자신이라는 사실을 알 수 있는 것이다.

따라서 우리는 내 마음속에서, 다시 말하면 일상적인 신앙생활, 곧 영적 생활 속에서 사탄과 마귀의 소리가 들리지 않게, 곧 시험에 들지 않게 각별한 주의를 기울여야 한다. 그래서 예수님은 우리에게 시험에 들지 않게 해 달라고 기도하게 하신 것이다. 주기도문의 이 마지막 간구에는 우리로 시험과 유혹에 빠져 고통을 당하지 않고 언제나 하나님의 은총의 날개 아래 살며, 또한 우리의 일생, 곧 우리의 귀중한 삶을 하나님의 선하신 뜻의 실현을 위해 쓰게 해 달라는 간절한 기원이 담겨 있는 것이다.

아담과 이브가 받은 시험

그런데 뱀은 여호와 하나님이 지으신 들짐승 중에 가장 간교하니라 뱀이 여자에게 물어 이르되 하나님이 참으로 너희에게 동산 모든 나무의 열매를 먹지 말라고 하시더냐 여자가 뱀에게 말하되 동산 나무의 열매를 우리가 먹을 수 있으나 동산 중앙에 있는 나무의 열매는 하나님의 말씀에 너희는 먹지도 말고 만지지도 말라 너희가 죽을까 하노라 하셨느니라 뱀이 여자에게 이르되 너희가 결코 죽지 아니하리라 너희가 그것을 먹는 날에는 너희 눈이 밝아져 하나님과 같이 되어 선악을 알 줄을 하나님이 아심이니라 여자가 그 나무를 본즉 먹음직도 하고 보암직도 하고 지혜롭게 할 만큼 탐스럽기도 한 나무인지라 여자가 그 열매를 따먹고 자기와 함께 있는 남편에게도 주매 그도 먹은지라 (창 3:1~6)

성경에는 대표적인 시험(유혹)의 사례 둘이 있다. 하나는 창세기 3장에 나오는 최초의 인간 아담과 이브의 시험이요, 나머지는 광야에서 40일간의 기도를 마치신 후에 예수님이 당하신 시험이다. 아담과 이브의 시험은 모든 인간이 경험할 수 있는 시험의 보편성을 보여 준다. 이것은 곧 모든 인간이 아담과 이브처럼 시험을 받을 수 있으며, 또한 수시로 이런 시험을 받으며 살아감을 알려 주는 것이다.

뱀을 가장한 시험자는 먼저 이브를 시험했다. 그리고 이브는 곧 아담을 설득하여 하나님이 금하신 선악과를 함께 먹었다. 이것은 이브의 시험이 곧 아담의 시험임을 보여 주는 것이다. 즉 뱀에게 직접 유혹을 받은 것은 이브이지만 이것은 아담이 시험을 받은 것과 동일한 의미라는 것이다. 왜냐하면 이브는 아담의 몸의 일부이며, 그들은 이제 한 몸을 이룬 부부로서 둘이 아니라 하나이기 때문이다.

아담의 시험에서 볼 수 있는 특이한 점은 시험은 예고 없이 갑자기 아무런 이유도 없이 찾아온다는 사실이다. 아담과 이브는 어떤 과오가 있어서 시험을 당한 것이 아니다. 오히려 그들은 더할 수 없이 순수한 상태였다. 하나님과의 관계도 좋았고, 다른 피조물과의 관계에서도 부족함이 없었다. 그들의 마음은 어린아이처럼 지극히 순진한 상태(state of innocence)였다. 그런데도 그들은 시험을 당한 것이다. 이것은 바로 우리도 때에 관계없이, 우리의 믿음의 상태나 영적인 상태에 관계없이 시험을 당할 수 있음을 보여 주는 것이다.

그렇기 때문에 우리는 언제나 깨어 있어야 하고, 또한 시험에 들지 않기 위해 기도해야 하는 것이다. 그래서 사도 베드로는 "근신하고 깨어 있으라. 너희 대적 마귀가 우는 사자와 같이 두루 다니며 삼킬 자를 찾나니(벧전 5:8)."라고 경고하였고, 예수님도 제자들에게 "시험에 들지 않게 깨어 기도하라. 마음에는 원이로되 육신이 약하도다 (마 26:41)."라고 말씀하셨다. 그러므로 우리는 언제라도 시험을 당할 수 있음을 알고 늘 근신하며 기도와 묵상과 영적 독서에 힘씀으로써 시험자(유혹자)의 침입을 사전에 막아야 한다.

그러면 아담과 이브가 당한 시험의 내용은 무엇이며, 그들은 왜 이 시험에 넘어지고 말았을까? 그들이 당한 시험의 시작은 바로 하나님의 말씀에 대한 의심과 불신이었다. '하나님이 참으로 그렇게 말씀하시더냐? 동산 중앙에 있는 나무의 열매를 먹으면 반드시 죽는다고 말씀하시더냐? 결코 죽지 아니하리라. 오히려 너희가 그것을 먹는 날에는 너희 눈이 밝아져 하나님과 동등한 존재가 될 것이다.'

위의 내용을 잘 상고해 보면, 뱀(마귀)의 소리는 전적으로 하나님의 말씀에 대한 회의와 불신앙, 그리고 인간의 합리적(이성적)인 사고에 기초한 하나님의 주권에 대한 도전임을 알 수 있다. 즉 하나님의 말씀은 사실이 아니다(너무도 불합리하다), 그것을 먹는다고 죽을 리가 없다, 오히려 그것을 먹음으로 인간의 지성(눈)이 밝아지면 선악을 분별할 수 있는 능력을 얻게 됨으로써 하나님과 동등한 신적인 존재가 되며, 그렇게 되면 인간은 전적인 자유자가 되어 하나님의 지배를 받지 않아도 되지 않느냐는 것이다.

이것은 창조주 하나님의 주권에 도전하는 동시에 하나님의 실재를 부인하고 인간이 하나님의 자리에 올라가 하나님 없이 살고자 하는 교만과 불신앙을 드러내는 유혹인 것이다. 그런 점에서 이 시험은 가장 무서운 시험, 가장 불신앙적인 시험, 그리고 모든 인간의 마음속 깊이 숨겨져 있는 가장 근원적(원초적)인 시험이라고 볼 수 있다.

아담과 이브는 바로 이 인간의 가장 근본적인 시험에 지고 말았다. 그런데 이런 무서운 시험은 아담과 이브에게만 오는 것일까? 결코 그렇지 않다. 이런 시험은 바로 오늘날 우리에게, 그리고 모든 인간에게, 더욱이 하나님의 신실한 백성에게도 찾아온다. 또한 이 시험은 오늘날 여러 가지 형태로 우리를 뒤흔든다.

즉 하나님의 말씀을 반신반의하는 생각, 하나님을 믿는다고 하면서도 하나님 없이 살려는 생각, 하나님을 참으로 두려워하지 않는 생각과 행위, 자기 자신이 첫째 관심사이고 하나님은 둘째 셋째로 두려는 생각, 하나님을 목적이 아니라 자신의 영달을 위한 수단으로 삼으려는 생각, 하나님보다 자기 자신과 물질(돈)을 사랑하는 마음, 자신을 드러내고자 하는 명예욕과 자기자랑, 그리고 모든 위선적인 신앙 형태 등은 처음 사람 아담과 이브가 당한 시험과 같은 종류의 시험들이다.

첫째 사람 아담과 이브는 불행하게도 하나님의 특별한 은혜와 그들 자신의 순진성에도 불구하고 시험을 이기지 못하고 넘어지고 말았다. 그들은 자기 마음속 깊은 곳에서 들려오는 시험자요 유혹자인 뱀의 달콤한 소리에 넘어가 하나님이 엄히 금하신 동산 중앙에 있는 나무의 열매, 곧 선악과를 따먹고 말았다. 그 결과는 무엇인가? 그들은 먼저 자신들이 벗었음을 알고 부끄러움을 느끼게 되었고, 하나님을 마주하기가 너무 두려워 나무숲에 숨고 말았다.

왜 그들은 하나님 대하기가 두려워졌을까? 바로 하나님과의 아름다운 관계가 깨졌기 때문이다. 사랑의 하나님이 두려운 하나님, 심판의 하나님, 곧 형벌의 하나님으로 변했기 때문이다. 그들은 결국 에덴동산에서 쫓겨나 평화와 행복(축복)의 동산인 낙원을 상실하게 되었다. 이들의 낙원 상실은 무엇을 의미하는가? 그것은 곧 인간(인류)의

총체적 비극을 의미한다. 왜냐하면 낙원의 상실은 곧 인간 중심의 문명 창출과 함께 시기와 질투와 미움과 싸움의 역사, 곧 인류의 피의 역사를 가져왔기 때문이다.

이처럼 시험에 넘어지는 것은 개인과 공동체에 예측할 수 없는 막대한 영향을 초래한다. 가장이 시험에 넘어지면 그 가정이 파괴되고 가족 전체가 고통을 당하며, 교회나 공동체의 지도자가 시험에 넘어지면 그 공동체 전체가 고통에 신음하게 된다. 실로 한 사람이 시험에 넘어지는 것은 이렇게 엄청난 일이다.

그러므로 우리는 어떠한 경우에도 시험에 넘어지지 말아야 한다. 그로 인한 고통과 아픔이 너무도 크고, 그 결과가 너무도 심각하기 때문이다. 그렇기에 우리는 시험에 들지 않게 해 달라고 수시로 기도해야 한다. 예수님이 주기도문에서 "시험에 들게 하지 마옵시고 다만 악에서 구하옵소서."라고 기도하게 하신 이유가 바로 여기에 있는 것이다.

예수님이 받으신 시험

이 때에 예수께서 성령에 이끌리어 마귀에게 시험을 받으러 광야로 가사 사십 일을 밤낮으로 금식하신 후에 주리신지라 시험하는 자가 예수께 나아와서 이르되 네가 만일 하나님의 아들이어든 명하여 이 돌로 떡덩이가 되게 하라 …… 이에 예수께서 말씀하시되 사탄아 물러가라 기록하였으되 주 너의 하나님께 경배하고 다만 그를 섬기라 하였느니라 (마 4:1~10)

성경은 예수님도 우리와 똑같이 시험을 받으셨음을 증언한다. 시험은 예수님에게도 예외가 없었다. 하나님의 아들이라고 해서 특별히 시험이 면제되거나 가벼워진 것도 아니었다. 히브리서 저자는 우리의 대제사장이신 예수 그리스도는 "모든 일에 우리와 똑같이 시험을 받으신 분이로되 죄는 없으시다(히 4:15)."라고 기록하였다. 여기서 우리가 유의할 점은 예수님이 40일간을 밤낮으로 금식하며 기도하신 직후, 곧 영적 절정의 상태에 있을 때 시험자가 찾아왔다는 사실이다.

즉 시험자는 두 경우, 곧 영적으로 매우 고양되어 있을 때와 육체적으로 가장 연약한 순간(굶주림에 기진맥진하여 있을 때)에 찾아왔다는 사실이다. 여기서 우리는 시험, 곧 유혹은 그 누구에게도 예외가 없다는 사실, 그리고 영적으로 매우 고무된 순간과 동시에 육체적으로 매우 갈급하고 허약해진 상태에 있을 때, 특별히 우리가 홀로 있을 때, 아주 호젓한 순간에 찾아온다는 사실을 알 수 있다.

그러면 예수님이 당하신 시험은 어떤 것이었는가? 시험자 마귀는 예수님에게 만일 하나님의 아들이거든 돌을 떡이 되게 해 보라고 시험했다. 시험자는 예수님이 영적으로 매우 고양되어 있는 것과 동시에 육체적으로는 매우 곤경한(굶주림) 처지에 있음을 간파하고 이렇게 시험한 것이다. 돌로 떡이 되게 하라는 말은 '물질(재물, 소유, 또는 육체적이고 본능적인 욕구)'에 대한 유혹이다. 이것은 곧 인간이 가장 범하기 쉬운 물신 숭배(맘모니즘)의 유혹을 의미한다. 허기져 기진맥진해 있는 예수님에게는 가장 강력한 유혹이며 시험이었다. 그러나 예수님은 이 시험을 사람이 떡으로만 살 것이 아니라 하나님의 말씀으로 살 것이라는 말씀(신 8:3)으로 물리치셨다. 즉 하나님의 말씀으로 이 시험을 이기고 물리치신 것이다.

두 번째 시험은 만일 하나님의 아들이거든 높은 성전 꼭대기에서 뛰어내려 보라는 것이었다. 그리하면 하나님이 그의 사자(천사)를 보내 조금도 다치지 않게 해 줄 것이 아니냐며 뛰어내릴 것을 종용했다. 이것은 하나의 영적인 시험(spiritual temptation)으로서 자신의 영적 능력과 함께 하나님의 능력에 대한 시험으로, 매우 위험한 시험이었다. 왜냐하면 인간이 하나님의 능력을 시험하는 일과 또한 자신의 영적 능력을 시험하는 일은 가장 불경스럽고 가장 위험하며 불신앙적인 행위이기 때문이다. 그러므로 우리는 어떤 경우에라도 하나님의 능력이나 자신의 영적 은사나 능력을 시험하는 일을 해서는 안 된다. 그래서 예수님은 "주 너희 하나님을 시험하지 말라."고 단호하게 그 시험을 물리치신 것이다.

예수님이 받은 세 번째 시험은 가장 크고 근본적인 시험으로서, 하나님 대신에 마귀 자신에게 엎드려 경배하라는 것이었다. 그리하면 천하만국과 그 영화를 보장해 주겠다는 유혹이었다. 이것은 하나님이냐 이 세상이냐, 즉 하나님이냐 우상(마귀)이냐의 양자택일의 시험이다. 마귀에게 절한다는 것은 하나님을 버리고 이 세상, 즉 이 세상의 명예와 권세와 영화를 택하겠다는 의미다. 이것은 곧 하나님보다 이 세상을 사랑하는 일이며, 또한 하나님을 믿는다고 하면서 이 세상과 짝하고 타협하며 이 세상과 세상적인 것, 곧 물질의 종이 되는 것을 뜻한다.

결국 이 시험은 하나님으로부터의 분리와 이탈, 하나님과의 관계 파괴, 그리고 하나님 대신에 세상의 종이 되게 하는 시험을 말하는 것이다. 그런 점에서 이는 가장 치명적인 시험인 동시에 삶에서 항상 우리에게 다가오며, 또한 가장 넘어지기 쉬운 시험이다. 예수님은 이 시험에 어떻게 대처하셨는가? 이 때 예수님은 단호하게 "사탄아 물러가라."고 외치고, 신명기 6장 13절의 "주 너희 하나님을 경배하고 다만 그를 섬겨라."는 말씀으로 시험자(유혹자)를 물리치셨다.

예수님은 인간이 당하기 쉬운 세 가지 시험, 즉 (1)육체적(물질적 또는 본능적)인 욕구의 시험, (2)영적인 은사나 능력의 시험, 그리고 (3) 가장 근본적이며 총체적인 시험인 마귀에게 절하는 시험을 모두 이기신 것이다. 예수님은 이 시험을 이기심으로써 사람들 위에 군림하는 길과 이 세상과 세상적인 것의 종이 되는 길을 거부하고, 모든 사람을 섬기는 하나님의 종의 길을 택하신 것이다.

그러면 예수님은 어떻게, 무엇으로 그 시험들을 이기셨는가? 바로 하나님의 말씀이다. 여기서 우리는 시험을 이기는 최상의 길이 바로 하나님의 말씀에 있음을 알게 된다. 그리고 말씀과 함께 우리를 모든 유혹과 시험에서 이기게 하는 또 다른 힘은 바로 기도다. 말씀과 기도는 우리를 하나님께 더욱 가까이 갈 수 있게 하며, 하나님의 전신 갑주를 입혀 이 세상의 온갖 유혹과 시험들을 이기게 한다. 또한 우리가 하나님의 은혜의 날개 아래 있을 때, 곧 하나님과 긴밀하게 연결되어 있을 때, 시험자는 우리에게 접근할 수 없는 것이다.

아담은 시험에 넘어졌지만 예수님은 그것을 이기셨다. 그러므로 우리가 시험을 이길 수 있는 길은 곧 예수님을 본받는 것이다. 예수님이 세 가지 시험을 차례로 물리치신 것과 같이 우리도 그의 방법으로 시험을 물리쳐야 한다. 예수님은 우리에게 인간(그리스도인)이 사탄의 시험을 이기는 모범(비결)을 보여 주신 것이다.

우리는 매일 시험을 당하며 산다. 하물며 예수님도 당하신 시험이니 이 세상 누구도 여기서 예외일 수 없다. 또한 사회가 혼탁할수록 시험의 종류가 더욱 다양한 것은 당연한 일이다. 오늘날 우리가 직면하는 시험은 무엇인가? 오늘의 그리스도인들이 당하기 쉬운 시험은 어떤 것들인가? 눈앞의 이익이나 자신의 안일을 위해 하나님의 뜻을 외면하거나 저버리는 행위, 하나님이 기뻐하시는 영적 성장과 성숙에는 관심이 없고, 교권이나 명예나 물욕에 집착하는 행위, 교회를 자기 자신의 사유물로 생각하거나 자식에게 유산처럼 물려주는 행위 등이 오늘의 그리스도인들과 교회 지도자들이 당하는 시험들이다.

수입을 많이 올리기 위한 목적으로 부흥사가 되려는 생각도 우리의 시험 중 하나다. 열심히 연구한 결과로서가 아니라 돈으로 학위를 사는 일도 오늘 우리의 시험 중 하나다. 돈으로 표를 사서 총회장이나 감독과 같은 교회의 영수가 되려는 일도 오늘의 우리 교회가 당하는 시험이다. 영리를 목적으로 신학교를 마구 세워 지적으로나 영적으로 성숙하지 못한 불량 목회자를 양산하는 일도 시험 중 하나다.

또한 교회 안에서 물질적인 복이나 세상적인 성공을 지나치게 강조하는 일도 오늘 우리의 시험이다. 이들은 바로 예수님이 광야에서 받으신 시험, 곧 돌로 떡이 되게 해 보라는 물질적(육신적)인 시험이며, 또한 우상과 마귀에게 절하는 것과 같은 무서운 시험들이다. 왜냐하면 이런 일들은 하나님의 거룩한 교회를 병들고 썩게 하는 일이기 때문이다. 우리는 이런 시험들을 단호히 물리쳐야 한다. 그래야만 오늘의 우리 교회에 다시 생기가 돌고, 영적인 불꽃이 피어오를 수 있다. 한국교회의 진정한 갱신의 길은 바로 이러한 시험들을 단호하게 물리치는 일이다.

그러면 이러한 시험에 대처하는 최상의 방법은 무엇인가? 그것은 바로 시험에 들지 않는 일이며, 또한 시험에 들지 않게 예방하는 일이다. 최선의 예방이 최상의 치료 방법인 것과 같은 이치다. 그래서 예수님은 주기도문에서 "시험에 들게 하지 마옵시고 다만 악에서 구하옵소서."라고 기도하게 하신 것이다. 시험에 넘어지면 결국 악의 수렁에 빠질 수밖에 없기 때문이다. 성경은 한 사람 아담의 시험과 유혹에 넘어짐이 곧 전 인류의 타락과 불행으로 이어졌음을 말해 준다.

즉 아담 한 사람의 타락이 결국 인류 전체가 죄악의 세력 아래 놓이게 하는 결과를 가져왔다는 뜻이다. 한 개인의 타락과 악에 빠짐은 곧 집단적 악인 사회악(social injustice or collective evils)으로 확대되며, 또한 집단적 악은 많은 사람, 곧 인류 전체에 불행과 고통을 가져오는 것이다. 여기서 우리는 한 개인이 시험에 패배하고 유혹에 넘어지는 것이 결국 한 공동체와 나아가 인류 전체의 불행으로 이어진다는 사실을 알게 된다.

주기도문의 마지막 간구, 즉 "다만 악에서 구해 주소서."에서의 이 '악'은 바로 이 세상 모든 악의 세력, 곧 구조적 집단적인 악인 사회적 부정과 부패와 불의의 모든 악한 요소를 총칭하는 것이다. 그런데 이 사회적 집단적 악은 결국 한 사람 한 사람이 시험과 유혹에 넘어지는 것에서 비롯된 것이다. 그러므로 그리스도인 한 사람 한 사람, 즉 우리 모두가 시험에 들지 않고 또한 시험/유혹에 넘어져서는 안 되는 것이다. 그 결과가 너무나 크고 엄청나기 때문이다.

그리스도인들은 하나님의 용서의 은혜로 죄악의 사슬에서 놓임을 받은 사람들이다. 그러므로 다시는 시험에 넘어가 악의 수렁에 빠지거나 죄악의 사슬에 매이지 말아야 한다. 사도 바울은 그리스도인들은 그리스도로 말미암아 죄의 용서와 함께 자유를 얻었으므로 다시는 죄악의 노예가 되어서는 안 되며, 동시에 그 자유를 육체의 기회로 삼지 말아야 한다고 강조하였다.(갈 5:1, 13)

예수님은 인간의 모든 악은 탐욕에 바탕을 둔 잘못된/불의한 생각과 마음에서 생겨난다고 말씀하셨으며(마 15:19, 막 7:21~23), 사도 바울은 인간의 모든 악은 창조주 하나님을 만홀히/우습게 여기는 인간의 교만과 탐심과 불신앙에서 비롯되는 것이라고 지적했다(롬 1:21~25). 그러므로 그리스도인들이 이 세상에서 모든 시험/유혹과 악의 세력들을 극복하고 이기는 길은 하나님께 절대 순종의 삶을 사신 예수님의 겸손을 본받아 사는 삶(빌 2:5~7)과 그분을 통해 항상 하나님과 깊은 관계를 이루고 사는 삶, 그리고 사랑과 진리의 영인 성령 안에서 사는 삶을 끊임없이 이어가는 것이다.

우리가 진리이신 그리스도와 성령 안에 거할 때, 거기에서 나오는 강력한 영적 힘으로 모든 시험과 유혹을 물리칠 수 있으며, 또한 이 세상의 온갖 악의 세력들에 정복당하지 않으며 거기에서 건짐을 받을 수 있는 것이다. 그러나 인간은 지극히 연약하며 불완전하기 때문에 언제 어떠한 시험을 당할지 모르며, 또한 어떻게 그 시험에 넘어질지도 알 수 없다. 그러므로 겸허하게 그리고 진지하게 "우리를 시험에 들게 하지 마옵소서."라고 기도해야 하는 것이다.

예수님이 우리에게 주기도문을 주신 이유, 특별히 마지막 청원으로 "우리를 시험에 들게 하지 마옵시고 다만 악에서 구하옵소서."라고 기도하게 하신 이유가 바로 여기에 있는 것이다. 그런 점에서 주기도 문은 그리스도인의 매일의 신앙생활에서 가장 실제적인 의미가 있으며, 동시에 영성생활에서 매우 중요한 위치를 차지한다고 말할 수 있는 것이다. 따라서 주기도문은 단순히 습관적으로 입으로만 암송하는 기도가 되어서는 안 된다. 특히 "우리를 시험에 들게 하지 마옵시고 다만 악에서 구하옵소서."라는 기도는 인간의 연약함을 하나님께 고백하며 그분의 가호의 은총을 구하는 지극히 겸손한 기도이기도 한 것이다.

오늘날 한국교회는 주기도문을 상실한 교회가 되었다. 주기도문에 담긴 깊은 영적 의미들을 도외시하고 문자적으로만, 그리고 아주 형식적으로 암송하는 교회가 되었기 때문이다. 우리는 주기도문의 청원(간구)들 하나하나에 깊은 영성(신학)적 의미가 담겨 있음을 알고, 그 의미들을 되새기며 마음에 새기며 기도해야 한다.

즉 주기도문에는 하나님의 이름이 거룩히 여김을 받게 하는 일, 하나님의 나라가 이 땅에 임하게 하는 일, 하나님의 뜻이 하늘에서 이루어진 것 같이 이 땅에도 실현되게 하는 일, 우리의 일용할 양식이 의미하는 것, 형제들의 잘못을 용서하는 용서의 진리와 그 의미와 가치, 우리 앞에 다가오는 시험의 집요함과 심각함, 그리고 그 시험을 이기고 악의 세력에서 온전히 자유를 얻는 비결과 그 의미와 중요성이 함축되어 있는 것이다.

따라서 주기도문의 깊은 뜻을 바로 알고 이를 간절한 심정으로 행할 때, 우리는 진지한 기도자가 될 수 있으며 동시에 바른 기도생활의 길로 들어설 수 있는 것이다. 예수님이 우리에게 주기도문을 주신 것은 우리로 바른 기도자가 되게 하기 위함이다. 요컨대 주기도문은 하나님이 기뻐하시는 기도는 어떤 기도이며, 우리의 기도의 내용이 어떠해야 하는지를 알려 주는 그리스도인의 기도의 지침서요 안내서라고 말할 수 있다. 그런 점에서 주기도문은 예수님의 영성의 중요한 부분이 되는 것이다.

앞에서 살펴본 바와 같이 주기도문은 그 내용의 범위가 참으로 방대하며 그 의미가 지극히 심오하기 때문에, 때로는 일곱 개의 청원(간구)들을 한꺼번에 다 하지 않고, 한 주제(청원)씩 나누어 기도하는 것도 좋은 방법이라 생각한다.

예를 들면 '하늘 보좌, 곧 영원한 하늘 보좌에 계신 자비의 하나님', '당신(하나님 아버지)의 이름이 우리의 삶과 언행을 통해 빛나고 거룩해지게 하소서.', '당신(아버지)의 완전한 사랑과 의와 평화의 나라가 어서 속히 이 땅에 임하게 하소서.', '당신의 선하고 거룩한 뜻이 하늘나라에서 완전히 실현된 것같이 이 땅(지구상)에도 온전히 실현되게 하소서.' 등 주제별로 나누어 각각의 주제에 담긴 내용을 깊이 묵상하며 기도하는 것도 좋을 것이다. 왜냐하면 그 하나하나에 담긴 내용과 의미가 너무도 깊고 방대하기 때문이다.

우리 주님이 귀중한 은혜의 선물로 주신 이 주기도문의 심오한 뜻을 올바로 이해하고 바르게 행함으로써 우리의 기도의 내용이 더욱 깊어지고 성숙해지기를, 그리하여 우리 그리스도인의 삶과 우리 교회가 영적으로 더욱 풍요롭고 성숙한 길로 나아가게 되기를 기대해 본다.

부록

영적 큰 스승들의 기도론
- 관상기도를 중심으로

1. 관상기도의 기원과 역사

`기도의 모범자 예수 그리스도:` 기독교 영성은 예수님의 영성적 삶에서 시작하며, 또한 그에 근거한다. 그러면 예수님의 영성적 삶의 참모습은 어떤 것이었으며, 또한 그의 영성의 가장 뚜렷한 특징은 무엇인가? 한마디로 기도자의 삶이었다. 즉 예수님의 영성적 삶의 참 모습은 바로 진지한 기도자의 삶이었다. 예수님은 하나님의 아들이심에도 다른 어떤 제자들보다 더 많이 기도하셨고, 더 자주 기도하셨으며, 더 간절히(깊이) 기도하셨다. 우리는 이런 모습을 복음서를 통해 쉽게 알 수 있다.

특히 예수님의 진지한 기도의 자세, 곧 기도자의 모습은 그가 십자가를 앞에 놓고 하신 기도에서 찾아볼 수 있다. 복음서 기자는 이때 예수님의 이마와 몸에서 떨어지는 땀이 핏방울 같았다고 묘사하였다(눅 22:44). 얼마나 진지하고 간절하게 기도하셨으면 땀방울이 핏방울처럼 보였겠는가?

그런데 예수님의 기도생활 중에서 특히 우리의 관심과 호기심을 끄는 것은 그가 새벽 미명에 광야나 산으로 나아가 홀로 기도하셨다는 사실이다. 왜 예수님은 밤이나 새벽 미명에 산과 들에 혼자 나가 기도하셨을까? 더욱 궁금한 것은 예수님이 그 때 어떻게 기도하셨는지 하는 점이다. 성경에는 그가 어떤 식으로 기도하셨는지, 예를 들어 소리를 내어 큰 소리로 하셨는지, 아니면 조용히 묵상이나 침묵으로 하셨는지 아무런 언급이 없다. 또한 그 때 예수님이 행하신 기도의 내용은 주로 무엇이었을지도 매우 큰 관심사인데, 복음서 기자들은 이 문제에 관해 아무런 단서나 언급을 남기지 않았다.

어쨌든 예수님이 자주 산이나 빈들에 나가 기도하셨다는 것은 매우 인상적이고 특이한 사실임에 틀림없다. 특히 공관복음서 기자들은 예수님이 자주 인적이 없는 한적한 곳에 가서 홀로 기도하셨다고 기록하였다. 이것은 예수님의 기도의 습관과 스타일, 곧 그의 기도의 특징을 표현한 것으로 볼 수 있을 것이다. 특히 마가는 예수님이 한적한 곳에서 혼자 '기도하시니라' 는 구절을 기록하면서 '프로슈코메노스(proseuchomenos)' 라는 미완료형 시제를 사용함으로써, 그가 '계속해서' 또는 '자주' 이러한 방식으로 기도하셨음을 암시하였다.

이처럼 마태 마가 누가와 같은 복음서 기자들은 예수님이 수시로 산이나 광야 등 인적이 없는 고요한 장소, 즉 한적한 곳으로 가서 혼자 기도하셨다고 기록하였다. 그렇다면 그 이유는 무엇일까? 예수님은 왜 제자들과 많은 사람들을 뒤로하고 인적이 없는 한적한 곳을 찾아가 혼자 기도하셨을까?

2. 묵상과 관상기도의 성서적 배경

구약성서에는 '묵상'이라는 단어가 자주 나온다. 창세기를 보면 아브라함의 아들 이삭이 아내 리브가를 만나기 직전 저녁시간에 들판에 나가 묵상하고 있었다는 기록이 있다(창 24:63). 구약성서에서 '묵상'은 '조용히(마음으로) 기도하다.', '깊이 생각(사색)하다.' 혹은 '명상하다.', '작은 소리로(속삭이듯) 읊조리다.' 등의 뜻으로 사용되었다. 특히 위대한 기도시(poetic prayers)라 할 수 있는 시편에서는 이 단어를 어렵지 않게 찾아볼 수 있다.

- 시 1:1~2 복 있는 사람은 …… 오직 여호와의 율법을 즐거워하여 그 율법을 주야로 묵상하는 자로다
- 시 19:14 …… 여호와여 내 입의 말과 마음의 묵상이 주의 앞에 열납되기를 원하나이다
- 시 49:3 내 입은 지혜를 말하겠고 내 마음은 명철을 묵상하리로다
- 시 63:6 내가 나의 침상에서 주를 기억하며 밤중에 주를 묵상할 때에 하오리니
- 시 77:6 밤에 한 나의 노래를 기억하여 마음에 묵상하며 심령이 궁구하기를
- 시 104:34 나의 묵상을 가상히 여기시기를 바라나니 나는 여호와를 인하여 즐거워하리로다
- 시 119:97 내가 주의 법을 어찌 그리 사랑하는지요 내가 그것을 종일 묵상하나이다
- 시 119:99 내가 주의 증거를 묵상하므로 나의 명철함이 나의 모든 스승보다 승하며

- 시 145:5 주의 존귀하고 영광스러운 위엄과 주의 기사를 나는 묵상
  하리이다

여기서의 '묵상(meditation)'은 마음으로 곰곰이 생각하고 음미하는 행위, 즉 사색적 기도의 형식임을 알 수 있다. 다시 말해 이것은 소리를 내거나 말로 하는 기도가 아니라 마음속으로 하나님의 법도, 즉 하나님의 말씀과 진리, 그리고 창조주 하나님께서 인간과 모든 피조물에게 베푸시는 사랑과 은혜들을 깊이 음미하고 생각하는 기도로서, 이것은 고대 교부들이 즐겨 실행한 '마음의 기도(prayer of the heart)'의 전신으로 이해하는 것이 좋을 것이다.

시편 기자들의 깊은 영적 사색 행위로서의 묵상의 전통, 구약 예언자들의 하나님과의 깊은 영적 교제의 전통, 혹은 '카발라(히브리 신비주의)' 전통과 함께 예수님의 광야 40일 기도와 수시로 행한 고요(한적)한 곳에서의 홀로 있음과 그 곳에서의 성령의 내주적 도우심 속에서 행한 깊은 영적 사색/묵상의 시간과 기도 행위는 그대로 고대의 기독교 교부들(Church Fathers)과 특히 사막의 교부들(Desert Fathers) 및 은자(Hermit)와 수도자들(Monks)의 묵상기도(마음의 기도) 혹은 관상기도 운동으로 이어지게 되었다.

우리는 예수님에게서 대조되는 두 가지 모습(aspect)을 찾아볼 수 있다. 즉 행동하는 영성가의 모습과 관상적인 영성가의 모습이다. 왜냐하면 예수님은 누구도 따라올 수 없는 강력한 행동하는 영성가인 동시에, 영적으로 한없이 깊이 사색하는 영성가, 즉 하나님과 상호내재하는 신비의 극치의 상태에서 하나님과 직접적으로 교제하는 영성

가이셨기 때문이다. 그것은 "하나님과 나는 일체(하나)니라."는 말씀에서도 알 수 있다. 그런 점에서 예수님은 한편으로 강력한 행동하는 영성가(radical activist)인 동시에, 다른 한편으로는 누구도 추종할 수 없는 지고의 사색적/명상적 영성가, 즉 관상적 영성가라고 말할 수 있을 것이다.

왜냐하면 예수님은 한편으로는 각계각층의 사람들이 어울려 사는 세상 한복판에서 그들에게 천국 실현의 복음을 들려주고 그들을 치유하고 섬기며 사셨으면서도, 다른 한편으로는 자주 사람들을 피해 산이나 광야에 혼자 머물며 영적인 깊은 사색과 묵상과 기도에 진력하셨기 때문이다.

'묵상(meditation)'이란 깊은 영적 사색 행위로서, 우리의 영혼 깊은 곳에서 하나님과 은밀하게 대화하고 교제하는 내면적 기도의 형식이다. 그런 점에서 묵상, 혹은 묵상기도는 내 영혼을 향한 하나님의 음성을 '듣는 기도(listening prayer)', 또는 하나님의 뜻을 깨닫는 '분별하는 기도(discerning prayer)'라고 말할 수 있다.

지금까지 개신교 전통에서는 묵상기도와 마음의 기도(영적 사색의 기도), 혹은 관상기도는 생소한 것이 사실이다. 그러나 우리의 영혼 깊은 곳에서 하나님의 음성을 듣고 알아차리는 '듣는 기도' 혹은 '분별하는 기도'의 형식인 묵상기도나 관상기도는 이미 구약시대에 그 기원을 두고 끊임없이 이어져 왔으며 특히 고대교회에서는 매우 활발하게 행해진 기도였다.

특히 하나님의 음성과 뜻을 깨닫고 분별하는 기도는 하나님께 무엇을 달라고 구하는 간구(청원)의 기도보다 한층 심오한 단계의 기도라고 할 수 있다. 왜냐하면 나의 소원을 하나님께 아뢰는 것보다 하나님께서 내게 원하시는 뜻을 분별하고, 나를 향해 말씀하시는 그분의 음성을 바로 알아듣고 식별하는 일이 더 중요하기 때문이다.

오늘날 한국교회의 영성 회복은 무엇으로 가능하며, 가장 효과적인 방법은 무엇인가? 바로 바른 기도운동, 깊은 기도운동, 즉 예수님의 기도에 관한 교훈의 바른 이해와 실행, 그리고 특히 기도의 표준으로 우리에게 주신 주기도문의 영성적 의미를 바로 이해하고 실행함으로써 가능하다. 왜냐하면 바른 기도운동이 곧 바른 영성의 길이며, 바른 영성이 곧 교회의 바른 영성 회복의 길이기 때문이다.

3. 영성 대가들의 기도론(관상기도를 중심으로)

고대교회의 진실한 성도들과 예수님의 기도의 모범을 직접 따르고자 하는 영성가들, 특히 고대교회의 영적 지도자들인 교부들(Church Fathers)은 예수님이 한적한 곳에서 홀로 기도하신 모범을 실행에 옮기기 위하여 광야나 산속 깊은 곳에 가서 혼자 기도하기를 즐겼으며, 또한 이러한 영적인 기도운동을 전개하기에 이르렀다. 이것이 관상기도의 시작이요, 고대교회의 본격적인 영성운동의 시작임과 동시에 고대교회를 영적으로 성숙시키며 한층 높은 단계로 승화시키는 계기가 되었다고 볼 수 있다. 이렇게 볼 때 진정한 의미의 관상기도의 효시는 바로 예수님이라고 말할 수 있을 것이다.

이런 기도운동은 유대 광야와 팔레스타인의 경계를 넘어 시리아와 가파도기아, 그리고 시내 산 주변과 애굽의 나일 강 유역으로까지 확대되어 나갔으며, 처음에는 개인적으로 하던 것이 차츰 집단적인 기도운동으로 이어졌고, 곧이어 수도원운동으로 발전하게 되었다. 이런 이유로 어떤 의미에서 수도원운동은 한적한 곳에서 홀로 기도하신 예수님의 기도생활에서 연유했다고 말할 수 있다.

그러면 기독교 역사상 영성적으로 큰 업적을 남긴 영성의 큰 스승들은 기도의 본질과 특히 관상기도에 관해 어떻게 말하고 교훈했는지 살펴보기로 하자.

* 아래의 글은 주로 졸저 「기독교 영성: 영성신학의 재발견(은성, 1996)」에서 발췌하거나 인용한 것이다.

1) 알렉산드리아의 클레멘트(Clement of Alexandria, 150?~215)

고대교회에서 기도, 특히 '관상기도'에 관하여 가장 체계적이고 심도 있는 설명을 해 준 이는 알렉산드리아의 교부 클레멘트다. 그에 따르면 인간의 영적 성장의 과정은 세 단계로 구분할 수 있다: (1)인간의 마음/영혼이 깨끗하고 단순해지는 '정화'의 단계, (2)인간의 영혼이 하나님의 빛과 성령으로 밝아지는 영적 '조명'의 단계, (3)인간의 영혼과 하나님의 신비한 만남, 곧 '합일(union)'의 단계.

클레멘트는 인간의 영적 성숙의 최고 경지인 인간 영혼과 하나님의 연합은 바로 끊임없는 기도, 특히 관상기도에 의해 이루어진다고 하였다. 왜냐하면 기도, 특히 관상기도는 인간의 영혼을 맑게 정화하고, 하나님께로 집중하게 하며, 상승시키고 연합시키는 최상의 방편이기 때문이다. 그는 일찍이 기도의 형태를 크게 다음 세 종류, 혹은 세 단계로 구분하였다.

(1) 구송기도(vocal prayer): 말과 소리로 우리의 요구나 사정을 하나님께 아뢰는 기도다. 그러나 비록 소리는 내지 않더라도 어떤 의지나 생각을 가지고 하는 기도는 여기에 속한다.

(2) 마음의 기도(prayer of heart): 우리의 요구나 생각을 드리는 기도가 아니라 오직 우리의 심령, 곧 영혼을 하나님께 집중하여 드리는 기도인데, 이것은 오늘날 '향심기도' 혹은 명상(meditation)이라고도 한다.

(3) 관상기도(contemplative prayer): 최고의 영적 단계의 기도로서, 우리의 영혼이 완전히 정화된 지순(至純)의 상태, 즉 '나'가 완전히 부정된 무욕무아(無慾無我)의 경지인 지고의 영적 상태에서 드리는 기도다.

클레멘트는 모든 기도 중 특히 관상기도의 중요성을 강조하였다. 왜냐하면 관상기도는 우리를 최고의 영적 지혜인 '순수지혜' 혹은 '영지(靈知, gnosis)'에 이르게 하여 하나님에 대한 온전한 지식을 제공하며, 동시에 하나님과 동행하는 삶으로 인도해 주기 때문이다. 따라서 관상기도는 우리의 기도와 영적 성장의 목표이기도 하다.

2) 오리겐(Origen, 185~254)

오리겐은 알렉산드리아의 요리문답학교(지금의 신학교) 교장직을 역임한 교부이자 뛰어난 성서 주석가로서, 선배인 클레멘트와 함께 기독교 영성과 영성신학의 기초를 놓은 영성의 대가다. 특히 그는 "기도에 관하여"라는 글에서 기도의 본질, 목적, 방법, 효과와 그 중요성에 관하여 상세히 설명하였다. 그런 점에서 오리겐은 기독교 역사상 '기도신학'과 '영성신학'의 수립자로 말할 수 있다.

오리겐에 따르면, 기도의 목표와 본질은 우리의 영혼이 하나님께로 올라가는 영혼의 상승, 그리고 하나님과 우리 영혼의 신령한 교제와 연합에 있다. 그는 또한 기도를 세 종류로 구분하였다: (1)모든 신령한 것과 영적인 은혜를 '간구하는 일(데에시스, deesis)', (2)하나님과의 순수한 영적 교제를 위하여 나 자신을 '버리는 일(프로슈케, proseuke)', (3)하나님의 사랑과 영광 속에 우리의 영혼이 전적으로 몰입되고 '파묻혀 버리는 일(독소로기아, doxologia).'

오리겐은 물론 자신의 선배이며 스승인 클레멘트의 기도 구분법(구송기도, 마음의 기도, 관상기도)을 따랐다. 그리고 소리를 내어 하는 구송기도보다는 영으로 드리는 침묵의 기도, 곧 신비한 영적 기도인 관상기도를 중요시하였다.

그에 따르면, 관상기도란 우리 영혼이 최고의 영적 상승의 상태에서 하나님의 '실재(reality)'를 직관(vision, 영안으로 봄)하는 경지에 이르는 것을 의미한다. 이것은 곧 인간의 영혼이 하나님의 광채와 사랑에 전적으로 몰입되고 흡수되는 신비한 상태를 뜻한다. 그러기 위해서는 먼저 우리의 영혼이 맑은 물과 같이 깨끗이 정화되지 않으면 안 된다.

오리겐은 우리 영혼이 하나님께로 상승하고 정화되는 최상 최고의 방법은 바로 하나님의 말씀인 로고스와 진리/지혜의 영인 성령이라고 하였다. 다시 말하면 로고스의 화신인 그리스도와 진리의 영인 성령은 우리 영혼을 전적으로 변화시키고 정화하여 하나님께로 상승시키며, 또한 하나님과의 신비한 연합의 경지로 인도하는 최고의 수단이다.

즉 우리의 영혼이 진리의 사람인 예수의 마음과 하나가 되는 경지에 이르렀을 때, 그리고 진리의 영인 성령으로 충만한 온전한 상태에 이르렀을 때, 하나님을 바로 직관하는 관상의 경지에 이르게 된다는 말이다. 그런 점에서 관상기도의 선행 조건은 바로 예수의 마음을 소유하는 일과 성령 충만의 상태에 이르는 일이다.

그러면 오리겐이 생각한 관상기도의 최종 목표는 무엇인가? 그것은 바로 이웃 사랑이다. 관상기도에 의한 하나님과의 신비한 연합의 경험을 통하여 하나님의 깊은 사랑에 접촉되고 동화된 영혼은 그것에 만족하고 도취해 있는 것이 아니라 이웃 사랑으로 옮겨지게 된다고 그는 말한다. 따라서 관상기도는 황홀한 신비 체험의 상태에 계속 머무르는 것이 아니라, 이웃/타인을 위한 중보기도(intercession)로 이어지게 되는 것이다. 이 말은 곧 관상기도의 종착점은 바로 타인을 향한 섬김의 행위임을 의미하는 것이다.

3) 에바그리우스(Evagrius, 345~399)

에바그리우스는 이집트 광야의 수도사 출신으로 '기도의 신비'를 잘 말해 준 영성가다. 그에 따르면 기도는 우리의 영혼을 맑게 정화하며, 하나님과의 깊은 교제와 합일의 삶으로 인도하는 최상의 수단이다. 즉 인간의 영혼은 믿음의 정진과 영적인 사색, 그리고 특히 가장 순수한 기도인 관상기도에 의해 깨끗이 정화되며, 영적 세계를 직관할 수 있는 '순수심(pure mind)'을 얻는다고 보았다.

'순수심'은 바로 하나님의 자리로서, 마치 사파이어의 푸른색과 같이 영적 세계가 투명하게 보인다고 하였다. 그리고 인간이 바로 이러한 순수심, 즉 수정같이 맑고 깨끗한 영혼을 가질 때 비로소 하나님을 바로 알 수 있으며, 그분에 대한 참 지식을 얻을 수 있다고 보았다.

에바그리우스에 따르면 기도, 특히 관상기도는 신앙인의 최고의 영적 활동이요, 가장 온당한 영적 활동이다. 또한 기도의 가장 순수한 형태는 자신의 모든 생각을 버리는 것이다. 왜냐하면 하나님은 영적 실재로서, 인간의 어떤 생각이나 개념으로 제한되거나 묶이지 않기 때문이다. 오직 우리의 가장 순수한 기도, 곧 영적인 기도(관상기도)에서 우리의 영혼은 하나님의 빛으로 밝아지게 된다.

한편 에바그리우스는 기도는 곧 하나님과의 '지적 교제(communion of intellect with God)'라고 하였는데, 이는 기도에 있어서의 '지성'의 중요성을 말한 것으로 이해할 수 있다.

4) 존 카시안(John Cassian, 365~435)

기독교 영성사, 특히 고대 기독교계에서 카시안만큼 관상기도에 깊은 관심을 보이며 탁월하게 설명한 사람도 없을 것이다. 그는 일찍이 동료인 에바그리우스와 함께 이집트 광야의 수도사이며 영성의 대가(Great Desert Father)인 마카리우스(Macarius) 문하에서 터득한 동방교회의 영성 수련 방법들을 서방세계에 소개하고 전수한 인물로 유명하다. 카시안은 그리스도인의 진실한 종교적 삶의 목표로서 '영적 직관', 곧 '관상(contemplatio)'을 꼽았다.

즉 그리스도인의 신앙적/영성적 삶의 목표는 하나님에 대한 관상에 도달하는 데 있다는 것이다. 그래서 그는 다음과 같이 말하였다:

"수도원적 수도의 방법은 마음의 정화된 완전한 사랑에 의해 우리의 영혼을 내면적인 하나님 나라의 축복으로 인도한다. 하늘나라는 비록 그 완성은 미래적 삶에서 이루어지지만 성령의 역사를 통한 관상의 방법으로 모든 의로운 영혼에 의해 이 땅에서도 이루어질 수 있다. 이러한 영적인 완성은 인간의 욕정과 모든 악덕과 다양한 유혹들에 의해 흔히 좌절된다. 하지만 신비적 은사들은 기도를 통해 진지한 영성생활로 나아가게 하는 바를 완성시킨다.

"그러나 진정한 기도, 곧 관상기도는 끊임없는 영적 정진과 수덕이 아니고서는 얻어지지 않는다. 영적 수련/수덕이 동반되지 않는 기도는 완전으로 가지 못하기 때문이다. 믿음의 사색과 기도의 최고 경지인 관상은 자연적 변증법의 추리 결과로 얻어지는 것이 결코 아니다. '영적 지식'이란 성경의 문자 뒤에 숨겨진 신비들에 대한 '영적 통찰'을 의미한다.

"하지만 진리의 영인 성령은 관상의 빛에 의해 우리의 영혼, 곧 우리의 순수한 마음에 신비한 '영적 지혜(gnosis)'를 수여한다. 그것은 지극히 고귀한 영적인 은사로서 손쉽게 얻어지는 결과도, 자연적인 재능에 의한 방법론적인 훈련의 결과도 아니다. 따라서 수도사의 삶, 곧 진지한 성도의 삶은 가능한 모든 방법 중에 '관상'을 행하는 것이어야 한다. 왜냐하면 관상은 하나님의 실재를 직관하는 최고의 영적 지식/지혜를 얻게 하는 온전한 정화의 길이기 때문이다."

요컨대 카시안에 따르면, 하나님의 실재를 직관할 수 있는 '영적 지식'은 결코 기도와 분리할 수 없다. 더욱이 그가 말하는 순수기도, 즉 계속적인 기도(endless prayer)인 '관상기도'와는 떼어 놓을 수 없다. 그러나 관상에 이르기 위해서는 우리의 도덕적인 순수함과 자기포기적인 삶(apatheia)이 필수적이다. 왜냐하면 이것들을 떠나서는 영적 진리들을 파악할 수 있는 '순수 지식', 곧 '영적 지식(theoria)'은 얻어지지 않기 때문이다. 즉 영적 지식 또는 영적 지혜는 바로 우리의 깨끗하고 정결한 삶과 순수한 마음/영혼을 통해서만 주어진다는 말이다.

따라서 수도사적 삶, 곧 진정한 그리스도인의 영적인 삶이란 바로 영적 지식과 자기부정의 삶이 순수하고 끊임없는 기도에 의해 단단하게 연합되는 것으로 특징지어진다. 결국 카시안에게 관상(contemplatio)은 우리 영혼이 신비 지극한 하나님을 직관할 수 있는 '순수 지식(pure knowing)', 곧 '영적 지혜(theoria)'에 도달하여 그것으

161

로 하나님을 직관(영의 눈으로 바로 보고 앎)하는 것을 의미한다.

5) 어거스틴(Augustine, 354~430)

어거스틴은 "영혼의 위대함에 관하여"라는 글에서 인간 '영혼(Soul)'의 여러 기능과 성장 단계에 대해 설명하였다. 그는 이 글에서 영혼의 기능/역할을 사물에 대한 일반적 인식에서 출발하여 관상의 경지에 이르는 일곱 단계로 나누어 말하였다.

어거스틴에 따르면 인간 영혼의 최고의 기능은 바로 하나님의 실재를 직관하는 관상의 기능이다. 그가 말하는 영혼의 기능의 일곱 단계는 다음과 같다.

(1) 생명 부여의 기능: 영혼은 우리의 육체에 생명을 부여하는 기능을 한다. 우리의 생명은 바로 영혼의 작용/활동으로 생겨나는 것이며, 따라서 영혼의 활동이 정지하거나 육체에서 떠나면 우리의 생명은 죽게 된다.

(2) 감각과 인식 기능: 영혼은 우리의 모든 감각 작용과 인식 기능을 가능케 한다. 즉 영혼은 모든 사물을 느끼고 식별하고 알게 하는 기능을 한다.

(3) 심미적 기능: 영혼은 모든 아름다움을 느끼고 식별하게 한다. 우리가 자연을 보고 아름다움을 느끼는 것은 바로 영혼의 활동 때문이다. 따라서 영혼은 인간의 모든 예술과 창작 활동의 원천이 된다.

(4) 윤리적(양심) 기능: 영혼은 선악을 분별케 하는 기능을 한다. 이것은 영혼이 모든 윤리적/도덕적 활동의 주체임을 뜻한다. 어거스틴에 따르면, 이 넷째 단계에서 영혼은 완덕을 향한 성

장의 단계에 진입하는데, 여기서 인간은 마음의 정화를 위한 덕행들을 실천할 수 있게 된다.

(5) 자기 성찰과 내면화 기능: 영혼은 자기 성찰을 통하여 온갖 탐심과 욕정들을 제어함으로써 영혼의 평정, 곧 정적(靜寂, tranquilitas)에 들어갈 수 있다.

(6) 하나님/궁극적 실재에의 집중 기능: 최고의 실재인 하나님께 모든 주의를 집중하게 하는 기능이다. 여기서 영혼은 하나님의 광채 속으로 뛰어들어 신성에 침전하고자 한다.

(7) 관상/순수 직관의 기능: 영혼의 기능의 최고 단계는 하나님께 대한 순수 직관(pure vision), 곧 관상(contemplatio)의 단계인데, 이 단계에서 영혼은 하나님과의 항구적 연합과 내주(內住, mansio)의 경지에 이르게 된다.

요컨대 어거스틴에 따르면, 관상 또는 관상기도란 우리 영혼의 가장 순수한 상태에서의 최고의 영적 활동을 의미하는데, 이것은 곧 궁극적 실재인 하나님을 영의 눈으로 직관하는 행위를 말한다.

6) 대 그레고리(Gregory the Great, 540~604)

대 그레고리에 따르면, 하나님을 향한 기도의 삶은 그분과의 연합의 삶으로 인도하고, 전 피조물을 변화시키며, 사람들에게 이 세상에 대한 새로운 관점을 제공한다. 그는 이러한 삶의 최고 모범을 성 베네딕트의 삶에서 찾는다. 즉 그레고리는 베네딕트의 묵상/관상과 기도생활을 모든 수도자와 그리스도인의 영적 생활의 모범이요 이상이라고 보았다.

그에 따르면, 기도와 관상기도의 삶이란 이 세상의 속박과 물질에 대한 욕망의 속박으로부터의 점진적 해방이요, 만물을 하나님의 빛의 시각으로 새롭게 보는 일이며, 현세에서나 사후에 하나님에 대한 온전한 봄(vision)과 연합이 실현되는 하늘나라로의 직통로를 발견하고 획득하는 일이다.

여기서 우리는 그레고리가 기도의 삶, 특히 관상기도의 기능과 목표를 하나님과의 온전한 연합과 온전한 봄(직관, vision)뿐만 아니라, 만물을 완전히 새로운 시각으로, 즉 하나님의 시각으로 보게 하는 데 있다고 설명한 점에 유의해야 한다.

7) 디오니수스 아레오파지트(Dionysius Areopagite, 500년경에 시리아 지방에서 활동)

디오니수스 아레오파지트는 동방교회 영성에 신학적 기반을 제공한 신비 신학자다. 그는 특히 인간 영혼의 정화와 하나님과의 연합을 위한 영적 상승을 위해 무엇보다도 기도가 중요함을 강조했다. 그에 따르면, 기도는 우리 영혼이 하나님께로 상승하여 접근하는 최상의 방법이요 길이다.

그러나 기도, 특히 개인적인 소원의 간구나 청원기도에 인간의 이기적인 동기가 들어가면 참된 기도가 될 수 없다고 경고하였다. 디오니수스에 따르면, 기도에는 다음 세 종류가 있다.

(1) 인간 영혼이 하나님의 주변을 회전하는 운동: 하나님의 선과 아름다움을 받아 우리 영혼이 정화되는 기도다.
(2) 인간 영혼의 자기 자신의 회전운동: 우리 영혼이 신적 조명을 받아 영적 통찰력을 얻게 되는 기도다.
(3) 인간 영혼의 하나님을 향한 직선운동: 우리의 영혼이 감각적/

외적인 것들 위로 비상하여, 순수 영이요 내면적인 일자(一者), 곧 근원자인 하나님에게로 들어가 그분과 하나가 되게 하는 기도다.

디오니수스에 따르면, 관상기도는 세 번째 형태의 기도를 말한다. 그런데 그는 우리의 기도는 어디까지나 하나님의 사랑에 의해서만 가능하다고 보았다. 즉 하나님은 사랑 그 자체로서, 만물을 제한 없는 사랑으로 돌보시는 분이다. 우리의 영혼이 하나님을 그토록 사모하며, 알고 싶어 하고, 그와 연합하고자 하는 이유도 이 때문이다. 곧 하나님의 사랑의 매력 때문이다.

그런 점에서 기도, 특히 관상기도는 하나님의 사랑에 대한 응답 행위로서, 하나님의 사랑에 이끌리고, 하나님의 사랑의 심연에 파묻히며, 하나님의 사랑에 흠뻑 젖고 녹아 버리는 일이다. 따라서 가장 깊은 기도인 관상기도는 말로 표현할 수 없는/측량할 수 없는 하나님의 사랑의 신비 속에 온전히 잠기는 행위라고 할 수 있다.

8) 빅토의 리처드(Richard of St. Victor, 1123~1173)

스코틀랜드 출신으로 프랑스 파리 근교의 어거스틴 수도회 성 빅토 수도원 원장이던 리처드는 12세기 유럽의 영성을 대표하는 인물 중 하나다. 그는 특히 '지성'과 '영성'의 조화로운 통일을 지향하는 독특한 영성을 발전시켜 세상의 주목을 받았다.

리처드는 특별히 두 종류의 '관상'에 대해 설명하였다. 첫째는 이성(理性)을 능가하지만 그것을 뛰어넘지 않는 관상이고, 둘째는 이성을 능가하면서 그것을 완전히 초월하는 관상이다. 한편 그에 따르면, 관상에 이르는 방법에는 다음 세 가지가 있다.

(1) 인간의 노력에 의존되는 것: 우리 심령의 확대와 심화에 의한 것을 말한다.

(2) 마음의 상승에 의한 것: 여기서는 신적 은총과 인간의 노력이 협동한다.

(3) 신적 은총에만 의존되는 것: 인간 영혼의 전적인 초탈과 황홀의 경지에 이르는 것을 의미한다.

한편 리처드에 따르면, 관상에는 다음의 네 단계가 있는데, 이는 사랑의 네 유형 혹은 단계에 의해 구별된다: (1)첫째 단계는 상함을 당하는 사랑에 의한 것, (2)둘째 단계는 연합시키는 사랑에 의한 것, (3)셋째 단계는 연약케 하는 사랑에 의한 것으로서, 이는 하나님이 우리의 영혼을 품으시는 사랑에 의한 관상이며, (4)넷째 단계는 완전한 사랑에 의한 것으로서, 하나님의 영광 속에 우리의 영혼이 온전히 사라져 버리는 사랑에 의한 관상이다. 이는 영적 황홀 경험, 즉 하나님의 사랑에 의한 신비 체험의 극치를 나타낸다.

9) 보나벤투라(Bonaventura, 1221~1274)

보나벤투라는 성 프랜시스의 영성의 계승자요 해설자로서, 그는 특히 관상기도에 큰 관심을 보였다. 그에 따르면, 관상(contemplation)은 하나님의 실재를 우리의 영으로 직관하는 일로서, 그리스도인의 신앙의 목표이며 또한 여정이다. 그는 특히 성 프랜시스의 라 베르나(La Verna) 산정에서의 성흔(stigma)을 입는 신비 체험과 황홀의 경험은 하나님의 임재에 대한 관상에 의해서라고 보았다.

그러므로 프랜시스와 같은 깊은 영적 소명에 동참하고자 하는 사람은 누구나 이 관상에 참여해야 한다고 하였다. 따라서 관상, 곧 지고한 '영적 체험'은 모든 남녀 성도들에게 꼭 필요하다고 하였다.

그에 따르면, 영적 상승의 정상을 향한 관상적 여정은 십자가에 달리신 그리스도에 대한 애정에서 시작하며 또한 그것으로 완성된다. 그것은 마치 사도 바울이 삼층천에 올라가 그리스도에게 전적으로 동화되는 경험을 하고 나서 '나는 그리스도와 함께 완전히 죽었고, 지금은 내 안에 그리스도가 살아 계신다.'고 말한 것과 같다.

따라서 관상적 여정은 십자가에 죽으신 그리스도와의 '친밀성'에 의해 완성된다. 그에 따르면, 바로 이 그리스도와의 친밀성이 성 프랜시스의 영성의 핵심이고, 영적 여정의 완성이며, 또한 모든 그리스도인의 영적 여정의 완성이다.

보나벤투라는 십자가의 그리스도와 함께 우리는 이 세상에서 벗어나 하나님께로 갈 수 있다고 보았는데, 우리가 십자가의 그리스도를 온전히 따르는 것은 바로 영혼의 정화와 온전한 자기포기의 관상에 의해서라고 하였다. 그러므로 그에게 관상은 곧 그리스도의 십자가를 통해 하나님께로, 하나님 속으로 들어가는 진입로이며 문이다. 한편 보나벤투라도 관상에는 고대 교부들이 설명한 영적 상승 과정인 '정화'와 '조명'과 '합일'의 단계가 있다고 보았다.

10) 리처드 롤(Richard Roll, 1300~1349)

리처드 롤은 14세기 초 영국에서 활동한 영성가로서, 「사랑의 불길」, 「생명의 치유」, 「완전한 삶의 형식」 등의 저술을 남겼다. 롤은 특히 깊은 영적 단계의 기도인 '관상기도'에 각별한 관심을 기울였다.

그는 성 빅토의 리처드처럼 지성과 영성의 조화를 도모하지만, 특히 신비적인 영적 체험에 더 많은 비중을 두었다. 그래서 선행(행동)보다 관상을 훨씬 우위에 두었다. 그에게 신비적 경험의 목표는 하나님과의 합일의 삶인데, 이는 순수 지식을 능가한다.

롤이 생각한 관상의 기초는 두말할 필요도 없이 하나님의 사랑이다. 즉 관상은 하나님 사랑 체험의 극상을 의미한다. 그는 이 관상에서의 하나님 사랑의 체험을 '불', '열(calor)', '영적 노래(canor)', '황홀(raptus)', '달콤함(dulcor)' 등으로 표현하였다.

그에 따르면, 이러한 황홀의 기쁨은 관상에 의해 하나님께 올리어진 마음/영혼 속에 주어지는데, 그러므로 이것은 진정으로 하나님을 사랑하는 사람들이 얻을 수 있다. 그리고 이러한 황홀 경험은 현실 생활의 모든 행위를 승화시키는데, 이는 바로 영원한 하늘나라의 기쁨을 미리 맛보는 일(foretaste)이다.

한편 롤은 관상과 관련하여 '기도'의 중요성에 대해서도 귀중한 교훈을 주었다. 즉 기도는 한마디로 하나님의 사랑에 사로잡힘이다. 우리가 하나님(의 사랑) 외에 다른 것들을 생각지 않을 때, 우리의 마음이 모두 하나님께 올려지며 또한 우리의 영혼이 성령의 불길로 타오르게 되는데, 그 때에 비로소 기도가 올바로 행해진다.

즉 우리의 가슴/영혼에 하나님의 뜨거운 사랑의 불이 켜질 때, 우리의 기도 역시 불이 켜지게 되며, 바로 그 때 사랑의 희열 속에서 기도는 더없이 즐거운 일이 된다. 또한 롤은 마음이 잘 집중되지 않는다고 기도를 포기해서는 안 된다고 말하며, 그러므로 단번에가 아니라 조금씩 성장하기를 배워야 한다고 충고하였다. 특히 그는 관상기도에 관하여 다음과 같은 매우 독특한 설명을 하였다:

"관상이 무엇인지 분명히 정의 내리기는 어렵다. 혹자는 관상적 삶을 앞으로 다가올 감춰진 것들에 대한 지식이라고, 또는 모든 세상적인 것을 버리는 일이라고, 혹은 하나님의 언어들을 연구하는 일이라고 말한다. 또 혹자는 관상을 경이로운 상태에 올리어진 지혜로운/환상적 진리에의 자유로운 통찰(vision)이라 말하며, 혹자는 신의 능력을 투시하기 위한 영혼의 자유롭고 슬기로운 직관이라 말하며, 또 혹자는 하늘나라 것들에 대한 즐김이라 말하고, 또 혹자는 드높여진 마음의 기쁨을 통한 육체적 죽음을 의미한다고 말한다.

"그러나 나에게 관상은 천사의 찬양의 기쁨으로 내 마음속에 드리워진 하나님의 사랑에 대한 내 영혼의 즐거운 노래다. 이것은 완전한 기도의 목표이며, 이생에서의 높은 헌신을 의미하는 기쁨이다. 이것은 또한 이 세상 삶에서의 모든 행위 중 최종의, 그리고 가장 완전한 행위다. 이러한 관상은 인간의 공적이 아니라 하나님의 선물이다.

"그러나 세상 처음부터 이 날까지 세상의 모든 '헛된' 것들을 완전히 버리기 전에는 아무도 이 영원한 사랑의 관상에 완전히 들어갈 수는 없다. 그러기에 우리는 이 천상의 기쁨인 관상에 참으로 이르기 전에, 먼저 건강한 명상과 경건하고 진실한 기도를 사용하지 않으면 안 된다. 관상이란 참으로 즐겁고 바람직한 수고다. 이것은 수고자를 기쁘게 하며 해를 주지 않는다. 따라서 관상은 '기쁨' 속에서만 진행되어야 한다. 기쁨이 오지 않을 때 그것은 피곤한 일이 될 뿐이다."

이와 함께 롤은 관상의 가치와 중요성에 대해 다음과 같이 시적으로 표현하였다. "이 죽음의 인간이 가질 수 있는 그 좋은 수고여! 앉아서 가장 완전히 행할 수 있는 그렇게도 고상하고 경이로운 일이여! 그것은 참으로 성령의 불로 타오르게 하는 몸과 마음의 큰 휴식을 취할 충분한 가치가 있는 것이로다. 우리를 이 낮은 것들로부터 신께로

169

들어 올려 주는 관상의 은혜보다 더 유익하고 즐거운 것은 없도다!' 이런 점으로 볼 때, 많은 영성가들 중에서 롤만큼 관상, 곧 관상기도의 효능과 실제적 가치와 중요성을 잘 말해 준 사람도 없을 것이라고 생각한다.

11) 월터 힐톤(Walter Hilton, 1340~1396)

14세기 후반 영국의 뛰어난 영성가 중 하나인 힐톤은 그리스도인의 영성생활에서 무엇보다도 '관상'의 중요성을 강조한 인물이다. 그의 영성의 중심 사상은 관상, 하나님과의 합일/연합, 사랑의 삶으로 요약된다. 힐톤은 롤과 마찬가지로 그리스도인의 영성생활의 핵심을 관상에 두었다. 그는 인간이 하나님을 올바로 알 수 있는 길은 관상인데, 관상에는 다음 세 단계가 있다고 하였다.

(1) 첫째 단계: 이성의 사용으로 하나님과 영적인 것들을 인식하는 단계다. 그러나 여기에는 한계가 있다. 따라서 인간은 교만에 빠지지 않게 주의하여야 한다.

(2) 둘째 단계: 사랑과 가슴(느낌)으로 하나님을 인식하는 단계다. 여기에는 성령의 감동이 요구되며, 따라서 지성에 의지하지 말고 하나님을 사랑함으로써 인식해야 한다.

(3) 셋째 단계: 관상의 최고 단계로서, 지성과 사랑이 합일된 단계다. 영혼은 사랑의 극치인 황홀경에서 하나님과 합일되고, 예수 그리스도와 함께 삼위일체의 모습에까지 도달한다. 여기에 이르기 위해서는 세상적, 육체적 사랑을 극복해야 하며, 또한 이 세상적인 사상이나 상상이나 감각적인 것들에서 초탈해야 한다.

한편 힐튼에 따르면, 관상에 이르는 데는 세 가지 조건이 있다. 곧 '겸허'와 '깊은 신앙'과 '옳은 의도', 즉 하나님의 뜻에 대한 올바른 식별이다. 이 세 가지 요소를 겸비할 때 우리는 예수의 마음으로 돌아가게 되며, 예수의 마음으로 돌아갈 때 비로소 진정한 관상에 이르게 된다. 또한 힐튼은 기도와 명상, 혹은 묵상은 관상을 위한 수단들이라고 하였다.

12) 이그나시오 로욜라(Ignatio Loyala, 1491~1556)

로욜라는 16세기 종교개혁 시기에 스페인에서 활동한 대 영성가이며, '예수회(Society of Jesus)'의 창립자이기도 하다. 특별히 그는 하나님의 창조세계인 자연의 아름다움을 통한 하나님의 임재와 사랑을 체득하는 '창조 영성'과 그리스도인의 영적 성장을 위한 실제적인 '영성 훈련' 방법에 지대한 관심을 보였다.

로욜라는 특히 관상에 이르기 위한 묵상기도의 여러 방법들을 가르쳐 주었는데, 초기에는 묵상/기도의 방법들에 비중을 두었으나, 후기에는 묵상/기도의 목적에 더 많은 관심을 기울였다. 그는 특히 묵상/기도의 목적을 세상과 사람들을 섬기기 위한 것으로 보고, 모든 하나님의 자녀는 하나님의 다른 자녀들과 피조물을 섬기기 위해 존재하는 것이라고 하였다. 로욜라는 기도와 묵상의 목적을 이렇게 말했다:

"진정한 기도는 행동을 동반해야 하는데, 이 행동의 기도는 곧 만물 속에 역사하시는 하나님을 발견하는 일이며, 그 하나님의 사역에 참여하는 일이다. 따라서 신앙인은 기도를 통해 하나님의 창조의 은총과 신비를 발견하고, 봉사에 참여하게 된다. 그러므로 기도자는 그의 행동의 기도를 통해 만물 안에 역사하시는 하나님을 발견하는 관상적 능력을 향해 성장하게 된다. 따라서 신앙인의 삶 전체는 기도와 관상의 행위에 관계될 수 있는 것이다. 다시 말하면 관상에 이르는 일, 곧 기도자의 영적 성숙은 만물을 위로부터 오는 빛에 의해 보게 하며, 세상은 바로 만물 안에서 쉴 새 없이 역사하시는 하나님의 활동의 장(場) 또는 영역(divine milieu)임을 깨닫게 한다."

요컨대 로욜라에게 기도와 묵상, 관상의 궁극적 목적은 이 세상과 만물 안에서 쉼 없이 역사하시는 하나님을 발견하는 것이며, 또한 그 사역에 동참하는 데 있음을 알 수 있다.

13) 아빌라의 테레사(Teresa of Avila, 1515~1582)

아빌라의 테레사는 16세기 중·후반 스페인에서 활동한 여류 영성가로서 기도의 박사로 불릴 만큼 기도에 관한 많은 교훈을 남긴 것으로 유명한데, 특히 그의 주저 「내면의 성」(the Interior Castle)은 기도에 관한 고전으로 알려져 있다.

테레사에 따르면, 기도는 크게 '능동적인 기도'와 '수동적인 기도'로 나누어진다. 능동적인 기도는 자신의 노력이 가미된 기도인 반면, 수동적인 기도는 전적으로 하나님의 은총에 의해 행해지는 기도다. 그는 기도를 정원에 물을 주는 것에 비유했는데, 정원은 우리의 마음, 곧 심령의 밭을 의미하며, 물은 정원에 꽃이 만발하게 하는 기도를 의미한다.

테레사는 기도의 종류 혹은 단계를 정원에 물을 주는 방법에 비유하여, (1)두레박으로 물 주기, (2)물레를 이용하여 물 주기, (3)냇물을 이용하여 물 주기, (4)소낙비로 물 주기로 설명하였다. 앞의 둘은 능동적 기도에 속하며, 뒤의 둘은 수동적 기도를 의미하는데, 여기서 수동적 기도란 관상적 기도에 속하는 것으로서, 전적으로 하나님의 은총에 의해 피동적으로 행해지는 기도를 말한다. 즉 피동적 기도란 관상의 경지, 곧 우리 영혼이 하나님께 전적으로 몰입된 상태에서의 기도, 다시 말하면 우리 영혼이 하나님과 직접 만나는 영적 황홀 상태에서의 기도를 말한다.

한편 테레사는 「영혼의 성」에서 기도를 일곱 단계로 설명하였다. 즉 그에 따르면, 우리 영혼의 성 안에는 일곱 개의 '궁방(mansion)'이 있는데, 각 방은 하나님께 가까이 접근해 가는 기도의 단계를 의미한다.

(1) 첫째 방: 기도의 첫 단계로서, 기도자는 기도하고자 노력하지만 사탄의 훼방과 여러 잡념 때문에 방해를 받는다. 여기에서는 선악이 공존한다.

(2) 둘째 방: 여기서 영혼은 진지한 기도를 실행한다. 참회와 신앙의 정진을 행하고, 하나님의 은혜를 맛보고 깨닫기 시작한다.

(3) 셋째 방: 이 방에 들어온 사람은 주님을 두려워할 줄 아는 사람이다. 여기서는 세상적인 관심사들을 끊는 초탈의 노력과 함께 시험과 고통을 이겨내는 인내가 요구된다.

(4) 넷째 방: 여기서 영혼은 주님이 계신 곳에 아주 가까이 접근한다. 따라서 성령의 큰 도움이 요구된다. 영혼은 기도의 깊은 희열을 맛보게 되지만 시련도 크므로 잘 이겨내야 한다. 또한 여기서는 '고요의 기도'를 행하며, 깊은 명상을 통해 영적 환희가 자신 안에서 일어나고, 평화와 고요와 기쁨이 샘물처럼 하나님께로부터 흘러나온다.

(5) 다섯째 방: 여기서 영혼은 하나님과 기도에서 만난다. 여기서

는 어떠한 방해도 작용하지 못하며, 하나님은 자신을 우리 영혼 속에 주신다. 이 방은 바로 그리스도가 계신 방이며, 그리스도 자신이다. 나의 옛 자아는 죽고, 새로운 영적 자아로 부활한다. 이 때 영혼은 세상의 죄를 속량하기 위해 그리스도와 함께 십자가의 고난을 나눈다. 합일의 기도의 다른 형태는 하나님의 뜻과 이웃 사랑의 실천이다.

(6) 여섯째 방: 이 곳은 우리 영혼과 하나님의 영적 약혼 관계를 나타낸다. 여기서 영혼은 하나님과의 지속적인 연합의 관계에 들어가려 하며, 완전한 합일을 원한다. 그러나 동시에 큰 시련도 이겨내야 한다. 이 기도의 단계에서 영혼은 때때로 황홀의 극치, 영의 날아오름, 말씀 현시 등의 신비 체험을 경험한다.

(7) 일곱째 방: 이 곳은 관상/기도의 최고 단계로서, 우리 영혼과 하나님의 영적 결혼 관계를 나타낸다. 여기서 우리 영혼은 신적 광채와 지적 통찰로 불이 켜지고 밝아지며, 성 삼위일체 하나님이 각각 밝히 알려진다. 강물과 시냇물이 만나 하나를 이루듯, 두 창문에서 들어온 빛이 방 안에서 합쳐지듯 이 영적 결혼 관계에서 우리 영혼과 하나님은 연합된다. 그리고 이 연합은 영원하여 다시 분리되지 않는다. 이 단계에서는 하나님과 우리 영혼 사이에 어떠한 비밀이나 장벽도 없어지고 신비한 소통이 생겨나며, 우리 영혼과 성 삼위 사이에 상호내재가 일어난다(요 17:22~23). 이 궁방에서의 체험은 자기 자신을 온전히 잊고, 하나님의 일(뜻)을 전적으로 행하게 하는 결과를 가져온다. 주님이 이 은혜를 주시는 목적은 마리아(관상)와 마르다(행함)가 함께 행하게 하기 위함이다.

테레사가 설명한 기도의 단계들 중 다섯, 여섯, 일곱째 궁방이 관상기도의 단계를 의미하며, 그 중에서 일곱째 궁방은 관상기도의 극치를 보여 준다.

14) 십자가의 요한(John of the Cross, 1542~1592)

관상기도에서 십자가의 요한은 매우 중요한 자리를 차지한다. 그는 기독교의 오랜 전통인 '부정의 신비신학(mystical theology of negation/via negativa)'의 흐름에 서 있다. 그의 주저인 두 책 「갈멜 산에 오름」과 「영혼의 어두운 밤」은 우리 영혼의 정화와 영적 상승의 방법과 함께 우리 영혼과 하나님의 만남/합일의 길인 관상의 방법들을 깊이 있게 조명해 준다.

그에게 영혼의 '어두운 밤(dark night)'은 신비신학적인 개념으로서, 우리 영혼이 하나님을 만나기 위해서는 우리의 지식이나 생각, 상상이나 선입관들을 모두 잠재우고 버려야 함을 의미한다. 왜냐하면 캄캄한 밤에는 내가 가지고 있는 모든 것이 보이지 않고 무용지물이 되기 때문이다. 이것은 곧 절대자이신 하나님 앞에서는 우리의 지식이나 덕성, 공적들이 아무 소용이 없으며 무(無)로 보이기 때문이다.

반면에 이 '영혼의 어두운 밤'은 우리 영혼이 신비 지극하신 하나님을 뵈옵고 만나는 절호의 기회이며 순간이기도 하다. 그는 영혼의 어두운 밤을 세 단계로 나누어 설명하였다. 즉 밤은 하나이지만 다음 세 부분으로 나누어지는 것이다.

(1) 감각의 밤: 인간의 감각적 욕구들의 소멸과 극복의 시간이다. 이는 밤의 시작으로서, 우리 영혼의 정화(purification)의 단계를 의미한다.

(2) 믿음의 밤: 믿음과 성령에 의한 우리의 이성, 무지, 자아의 부정과 극복의 시간으로서 깊은 밤에 해당하며, 이것은 곧 우리 영혼의 조명(illumination)의 단계를 의미한다.

(3) 신적 어둠의 밤: 하나님의 절대적인 사랑과 은총의 세계로의 진입의 시간으로서 새벽에 해당하며, 우리 영혼과 하나님의 만남, 곧 합일(union)의 단계를 의미한다.

영혼의 어두운 밤의 세 번째 단계인 '신적 어둠의 밤'은 관상의 최고 경지를 나타내는 것으로서, 이것은 곧 우리 영혼이 하나님과 만나고 일치의 경지에 이름을 말하는 것이다. 하나님은 바로 이 영혼의 밤, 즉 관상의 지고한 경지에서 우리의 영혼을 환하게 밝혀 주시고, 그의 한없는 사랑과 지혜로 채워 주시며, 한없는 기쁨과 환희와 평화를 맛보게 하시고, 또한 모든 피조물과 사람들을 기쁨으로 섬기게 하신다.

15) 토마스 머튼(Thomas Merton, 1915~1968)

현대의 사막의 교부라고 불리는 토마스 머튼은 심각한 영적 갈증을 느끼며 살아가는 현대인의 삶에 가장 필요한 것이 정관 또는 관상(Contemplation)이라고 말함으로써, 관상기도의 필요성과 중요성을 누구보다도 강하게 역설한 영성가다.

머튼에 따르면, 관상이란 먼저 하나님께 대해 자신을 완전히 비우는 태도와 행위를 의미한다. 즉 관상기도란 내 입술로나 지성(생각)으로나 상상력으로 하는 기도가 아니라, 내 존재의 근원으로부터 하는 기도, 즉 하나님이 내 안에 들어오셔서 나를 속박하고 있는 온갖 잡념들로부터 자유하게 하는 기도다.

이렇게 관상기도는 나의 마음, 의지, 생각, 영혼의 한 부분에서 하는 기도가 아니라, 나의 전 존재로 드리는 기도, 다시 말하면 내 존재의 중심, 내 영혼의 심연에서 드리는 기도다. 그러므로 이 기도는 하나님께 자신을 온전히 열고 내맡김을 의미하며, 자신의 깊은 내면의 세계, 곧 영혼의 심저로 돌아감을 의미한다. 내 존재의 전부, 즉 내 영혼을 하나님께 온전히 열고 맡기는 일은 내 존재/영혼 안에서의 신비한 역사, 즉 여러 가지 영적인 변화 작용을 일으킨다.

그 신비한 역사란 (1)내 속 깊이 숨겨진 죄성의 발견과 그에 대한 깊은 참회, 그리고 모든 허물의 용서의 체험, (2)옛 자아의 포기와 모든 속박으로부터의 탈출과 초탈의 실현, (3)영혼의 온전한 정화(淨化)와 신적 지혜와 빛으로 채워짐, (4)내 영혼과 하나님의 연합의 경험과 뜨거운 사랑의 체험, (5)말로 형용하기 어려운 평화와 기쁨을 누림과 더불어 주님을 위한 전적인 헌신의 결단으로 나아감을 말한다.

한편 머튼에 따르면, 명상이나 마음(향심)의 기도, 혹은 관상기도는 하나님의 진리 안에서의 진정한 자신을 발견하는 일이며, 또한 하나님과의 깊은 관계를 통해 잃어버린 '하나님의 형상'을 회복하는 일을 의미한다. 그래서 그는 관상기도란 '자신을 잃어버림으로 자신을 찾는 일'이라고 하였다. 즉 하나님 안에서 자신이 무(無)로 돌아가고, 거기서 참 나를 다시 찾게 되는 기도라는 말이다.

요컨대 그에게 관상기도는 내 존재 전체를 하나님 앞에 숨김없이 노출시키고 내맡김으로써 하나님이 자신(성령)의 불과 생명으로 내 모든 부정함과 허물을 불태워 주시고, 자신의 빛으로 내 영혼을 조명시켜 주시며, 사랑으로 채워 주시고, 자신과의 깊은 연합/합일의 관계를 실현해 주시는 일이다.

이렇게 관상기도는 내 영혼 속에서 하나님께서 스스로 활동하시게 내맡기는 기도로서, 전적인 '수동적 기도'라고 할 수 있다. 그래서 머튼은 관상기도는 수도원의 수도사나 신비가나 영적 스승들만이 할 수 있는 기도가 아니라, 그리스도인이면 누구나 할 수 있으며, 또한 모든 그리스도인은 하나님께로부터 이 관상적 삶과 기도를 요청받는다고 하였다.

명상과 관상의 생활화: 한편 머튼은 명상의 생활화, 즉 관상기도를 일상생활에서도 활용할 것을 제안하였다. 그는 「명상의 씨」라는 책에서 이렇게 말하였다:

"하루의 지정된 시간에만 하나님에 대해 생각할 줄 아는 사람은 결코 영성생활에서 깊이 나아갈 수 없을 것이다. 실상 그들은 '마음의 기도'를 위해 할당한 시간에도 진지한 기도를 하지 못할 것이다. 그러므로 수시로 명상하는 법을 익혀야 한다. 종이를 사용해 명상하는 법을 배우라. 그림을 그리고 글을 쓰는 것도 명상의 한 형식이다. 예술 작품을 가지고 명상하는 법을 배우라. 길거리와 시골에서 기도하는 것을 배우라. 손에 책을 쥐고 있을 때만이 아니라, 버스를 타거나 기차를 타고 있을 때에도 묵상할 줄 알아야 한다. 무엇보다 신령한 예배를 통해 하나님과의 깊은 교제로 나아가고, 그 감격과 예전의 순환을 그대의 삶으로 삼으라. 그 리듬이 그대의 몸과 마음에 물결치게 하라."

머튼은 자신의 수도원적 생활과 경험을 근거로, 그리스도인의 영성생활과 관상생활, 특히 '명상'에 관한 많은 저술을 하였는데, 그가 남긴 중요한 저술들은 다음과 같다: 「명상의 씨, 1949」, 「명상이란 무엇인가? 1950」, 「진리로의 상승, 1951」, 「침묵의 삶, 1957」, 「광야의 지혜, 1960」, 「명상의 새 씨앗, 1961」, 「참 고독, 1969」, 「칠층산, 1970」, 「관상적 기도, 1971」, 「행동하는 세계 속의 명상, 1973」 등.

3. 끝맺는 말

앞에서 언급한 리처드 포스터의 말과 같이 현대인은 바쁜 일상을 살면서 기도하고 싶은 마음은 있지만 정작 하지는 못하고 무언가 말로 표현할 수 없는 답답함과 공허를 느끼면서 살아간다. 또한 오늘날 많은 목회자들과 그리스도인들은 기도해야겠다는 생각은 있으면서도 기도하지 못하는 고통을 느끼고 있다. 우리는 참된 신앙생활을 위해서는 기도생활이 필수적이라는 말을 무수히 들어 왔고, 또한 스스로 진지한 기도생활을 해야겠다고 마음에 다짐은 하면서도 정작 오늘도 여전히 실행에 옮기지 못하는 자신을 발견한다. 그 이유는 무엇일까? 우리는 왜 기도하고 싶은 마음은 간절한데도 그대로 행하지 못하는 것일까?

필자가 느끼고 깨달은 바로는 현대인들이 기도를 하고 싶어 하면서도, 또한 하지 못하여 영혼의 공허와 갈증을 느끼면서도 잘 하지 못하는 이유는 기도에 대한 선입견과 이해의 부족 때문이다. 즉 첫째는 기도를 꼭 어떤 형식에 맞추어 해야 한다고 느끼기 때문이며, 동시에 그런 형식적인 틀에서 벗어나고 싶은 마음 때문이다. 둘째는 기독교 역사에, 즉 고대교회로부터 현대에 이르기까지 여러 시대에 걸쳐 널리 행해져 내려오는 기도의 다양한 형식과 종류와 방법 등에 대해 듣지도 배우지도, 또한 알지도 못하기 때문이다.

우리는 예수님의 기도에 관한 교훈과 참 기도의 모형으로 우리에게 주신 주기도문의 영성적 의미들을 새롭게 이해함으로써, 기도의 본질은 바로 우리의 마음/영혼 깊은 곳에서의 하나님과의 영적인 교제와 지적인 대화 또는 사귐이며, 또한 하나님의 뜻을 올바로 깨닫고 분별하는 일이라는 점을 깨달을 수 있으며, 그리하여 바리새파 사람들이 행한 것 같은 형식에 매인 기도의 틀과 구속에서 벗어날 수 있을 것이다.

　　사실 하나님이 가장 기뻐하시는 것은 우리의 마음, 우리의 속사람, 즉 우리의 순수한 영혼이다. 그런 점에서 최상의 기도는 깨끗하고 진실하며 솔직한 마음, 곧 순수하고 진솔한 마음을 하나님께 향하고, 그런 마음으로 하나님을 생각하고 그분과 교제하며, 또한 그런 마음을 드리는 일일 것이다.

　　즉 어떠한 가식이나 사심 없이 순수한 마음으로, 하나님이 원하고 기뻐하시는 뜻을 생각하고 깨달으며, 하나님과 영적으로 대화하고 교제하는 일이 참 기도이기에, 우리는 길을 걸으면서나 운전을 하면서, 또는 차를 마시면서도 기도할 수 있는 것이다. 왜냐하면 기도는 꼭 눈을 감고, 손을 모으고, 고개를 숙여야만 할 수 있는 것이 아니기 때문이다.

　　앞에서 우리는 기도의 본질에 관해, 즉 어떤 기도가 참 기도이며 하나님이 기뻐하시는 기도인지, 그리고 하나님과 가장 깊이 교제할 수 있는 기도인지에 관해 영성의 큰 스승들의 기도론에서 많은 것을 배울 수 있었다. 또한 그들을 통해 기독교 전통으로 전해져 내려오는 다양하고 광범한 기도의 형식과 종류, 특히 모든 기도 중 가장 순수하고 가장 높은 영적 단계의 기도인 ‘관상기도(contemplative prayer)’에 대해서도 많은 것을 새롭게 알 수 있었다.

특히 토마스 머튼의 말처럼 관상기도는 수도사나 목회자, 일부 특수한 사람들만이 할 수 있는 기도가 아니라 모든 그리스도인이 할 수 있으며, 또한 모든 그리스도인이 이 기도에 초대받고 있다는 사실을 알 수 있었다. 그리고 앞에서 필자는 관상기도의 효시는 바로 우리 주님으로, 관상기도는 근원적으로 기도의 모범자인 예수 그리스도가 그 기원임을 밝힌 바 있다.

독자들이 이 책을 통해 예수 그리스도의 영성과 기독교 영성의 본질을 한층 깊이 이해할 수 있게 됨과 동시에, 기도의 본질을 새롭게 이해하고 또한 매일의 삶에서 실행함으로써, 영성생활이 한층 심화되고 또한 한층 높은 단계로 성숙되기를 바라며, 아울러 한국교회 전체가 성숙한 영성의 길로 도약할 수 있기를 바라마지 않는다.

렉치오 디비나(Lectio Divina)
(영적 독서/성서 묵상)

기도와 함께 또는 기도와 병행하여 수도자들이나 성도들의 영성 훈련 방법으로 널리 사용되던 것이 또 하나 있다. 바로 '렉치오 디비나' 다. 렉치오 디비나는 하나님의 말씀인 성경 말씀을 가지고 깊이 묵상하고 기도함으로 하나님과 연합/합일의 경지에 이르게 하는 영성 훈련 방법이다. 이것은 아주 고대부터 행해진 것으로, 한때는 모든 그리스도인이 행하기도 하였고, 특히 베네딕트 수도회에 의해 널리 보급되고 전해지게 된 기독교의 귀중한 영적 보배 중 하나다.

1. 렉치오(Lectio): 말씀 읽기와 듣기

'영적 독서(lectio divina)' 는 성 베네딕트(St. Benedict, 6세기 초의 이탈리아 영성의 대가)가 그의 「수도원의 규율」의 서문에서 강조한 바와 같이 하나님의 말씀, 곧 성경 말씀을 통하여 우리의 영혼과 마음의 귀로 하나님의 음성을 은밀한 중에 듣고 알아차리는 능력을 기르고 향상시키는 일로 시작된다. 우리는 성경 말씀을 읽을 때 엘리야 선지자가 그랬던 것처럼(왕상 19:12), 우리의 영혼을 향한 하나님의 '아주 작고 속삭이는 음성(faint murmuring sound)' 을 들을 수 있게 주의를 기울여야 한다. 이 고요한 '들음(listening)' 이 바로 하나님의 특별한 창조 역사의 일환인 성경을 통한 하나님의 임재에 대한 우리 영혼의 경청과 집중 행위인 것이다.

고대의 이스라엘 선지자들은 "오 이스라엘아, 들으라(쉐마 이스라엘)!", 즉 하나님의 음성(말씀)을 들으라고 외쳤다. 우리는 바로 이 렉치오 디비나에서 선지자들의 외침을 따라 하나님의 말씀에 조용히 귀를 기울이게 된다. 왜냐하면 하나님의 음성은 흔히 매우 은밀하고 조용하게 들려오기 때문이다. 조용하게 들려오는 그 음성을 듣기 위해 우리는 조용해지기를 배우지 않으면 안 된다. 또 조용해지는 것을 좋아하지 않으면 안 된다. 주변이 시끄럽거나 소란스러우면 우리는 그 은밀한 음성을 들을 수 없다. 그러므로 '영적 독서' 실행의 첫 단계는 하나님께서 나를 향하여 하시는 말씀을 듣고 알아차리기 위해 조용해지는 일이다.

'영적 독서/듣기' 의 첫 단계는 흔히 책이나 신문 등을 읽을 때의 태도나 보통의 성경 읽기와 같은 속독의 방법과는 매우 다르다. 영적 독서는 하나의 경건한 경청 행위로, 지극히 고요하고 경건한 심정으로 하나님의 음성에 귀를 기울이는 일이다. 즉 성경 말씀의 한 단어나 구절을 통하여 하나님께서 내 영혼 깊은 곳을 향하여 고요하게(은밀하게) 말씀하시는 그 음성을 듣는 것이다. 따라서 우리는 먼저 성경 말씀을 아주 천천히, 주의 깊게, 그리고 조용히 읽으며, 그 말씀을 통하여 오늘 이 시간 하나님께서 나에게 하시는 말씀을 들어야 한다.

2. 묵상(Meditatio)

성경의 한 단어나 구절을 택하였으면, 이제 그 말씀을 곰곰이 반추해야 한다. 이것은 성모 마리아가 아기 예수의 탄생 시 목자들이 천사의 음성을 들은 것을 전해 줄 때 "이 모든 말을 마음에 새겨 두었다(눅 2:19)."는 말씀과 연결된다. 즉 성경의 한 단어나 구절을 택하였으면 그 말씀을 반복해서 읽고 외우고, 생각하고 또 생각하며, 내 생각과 내 요구와 내 형편과 어떤 관계가 있는지, 이 말씀은 지금 나에게 어떤 의미가 있는지 곰곰이 생각해 보는 것이다. 이 과정이 바로 영적 독서의 다음 단계인 '묵상(명상, meditatio)'이다. 묵상을 통하여 우리는 하나님의 말씀이 지금 내 영혼의 심연에 무엇이라 말씀하시는지를 깨닫게 된다.

3. 기도(Oratio, Prayer)

성서 묵상의 셋째 단계는 기도다. 기도는 보통 임재와 포용(안아주심)의 자리로 초청해 주시는 하나님과의 영적인 대화와 하나님께서 원하시는 대로 우리 자신을 봉헌하는 성별의 의미가 있다. 여기서 우리는 성례예전에서 떡과 포도주가 기도를 통해 성별되듯이, 하나님의 말씀으로 우리 자신이 변화되는 경험(은혜)을 입게 된다. 이 말씀을 통한 성별의 기도에서 우리는 우리 자신의 영적인 변화와 함께 하나님이 원하고 기뻐하시는 대로의 헌신의 은혜 속으로 들어가게 되는 것이다.

4. 관상기도(Contemplatio)

끝으로 우리는 자신의 말씀을 도구로 삼아 우리를 '변화시키는 은혜, 곧 거룩한/온화한 포옹(transforming embrace)'으로 초청해 주시는 하나님의 '임재' 안에서 그저 쉬게 된다. 사랑에 빠져 본 사람은 그 사람과의 사이에 말이 불필요한 사랑의 순간들이 있었다는 것을 굳이 따로 회상할 필요를 느끼지 않는다. 우리와 하나님의 관계도 이와 같다. 말이나 생각이 필요치 않다. 그저 우리를 사랑하시는 하나님의 품에서 조용히 쉬는 것이다. 이것이 바로 기독교 전통으로 내려오는 '관상' 또는 '관상기도'인 것이다. 다시 말하면, 우리의 말이나 생각을 버리고 오직 마음의 '고요함(침묵)'을 실행할 뿐이다. 다만 하나님의 현존(presence) 안에 우리 자신이 있음을 즐기는(enjoying) 것이다.

영적인 의미 또는 영역에서 '행동/실행(action/practice)'과 '관상'은 두 개의 다른 형태의 행위가 아니라, 동일한 영성적 실행의 두 축(pole), 즉 '능동성(activity)'과 '수동성/수용성(receptivity)'을 의미하는 것이다. 고대 수도원 전통에서 관상은 두 가지 의미로 이해되었다. 하나는 '테오리아 피지케(theoria physike)'로 하나님의 창조세계에 대한 관상이고, 다른 하나는 '테오로기아(theologia)'로서 어떤 이미지나 언어도 떠나 하나님을 직접 관상하는 일이다. 이런 관점에서 본다면, 성서 묵상은 창조세계 속에서 하나님을 관상하는 일을 돕는 기능이라고 말할 수 있다. 그러나 관상(contemplation)은 우리가 어떠한 영적 행위에서도 떠나, 그저(다만) 사랑의 하나님의 현존(품)에서 '쉬고, 머무는' 일을 의미한다.

고대교회는 관상이란 어떤 기도의 형태를 통해 도달하는 목표가 아니라, 다만 하나님의 은혜로 주어지는 것을 받아들이는 선물로 이해하였다. 그러나 엄밀한 의미에서, 우리의 영적 행위나 리듬에서 능동성과 수동성은 분리되는 별개의 것이 아니라 서로 긴밀히 연결된 한 실재의 두 측면과 같은 것이다. 고대교회는 우리의 내면적인 영적 운동을 하나님께로 접근해 가는 '나선형(helix)' 운동으로 묘사했다. 렉치오 디비나(성서 묵상)를 통해 우리는 하나님 현존(임재)의 체험과 또한 하나님께로 가까이 다가가는 여러 다른 경험들을 체험하고 발견하게 된다.

성서 묵상에서 우리가 버려야 할 것은 목표 지향적 행태다. 성서 묵상은 말씀과 더불어 하나님과 함께 조용히 시간을 보내는 것 이외에 다른 목표가 없다. 시간의 길이나 성구의 양이 중요한 것이 아니다. 다만 하나님께서 우리에게 어떻게 응답해 주시고, 어떠한 은혜를 예비해 주시는지가 중요한 것이다.

성서 묵상(Lectio Divina) 실습

개인 성서 묵상

1. 묵상/기도하고 싶은 성구를 성경에서 택한다. 성경 어디에서 택하든 상관은 없다.

2. 편안하고 조용하게 묵상할 수 있는 장소를 택해 앉는다. 그리고 긴 호흡을 하거나 향심기도(centering prayer, 마음을 하나님께 집중하는 묵상기도)로 마음을 고요하게 안정시킨다.

3. 말씀을 펼치고 천천히, 그리고 고요히 그 말씀을 읽는다. 말씀의 각 부분을 음미한다. 그리고 그 말씀을 통해 하나님께서 지금 나에게 조용히 무엇이라 말씀하시는지를 경청한다. 여기서는 환상이나 불빛 같은 것을 기대하지 말아야 한다. 그러면 하나님께서 고요함 속에서 어떻게 경청해야 할지를 알려 주신다.

4. 말씀을 자신에게로 가져와 자신의 마음, 생각, 문제, 기억, 요구 등과 연결시켜 음미한다. 이것들을 가지고 하나님과 대화한다. 나의 이런 문제들에 대해 하나님께서는 지금 무엇이라 말씀하시는가? 그리고 그에 대한 나의 응답은 무엇인가?

5. 느끼고 깨달은 바를 하나님께 아뢴다. 말씀을 통해, 하나님께서 나에게 은밀하게 들려주시고 속삭여 주시는 음성을 통해 깨닫고 느끼고 체험한 바를 하나님께 감사한 마음으로 아뢴다. 그리고 그 말씀을 통해 나를 복되게 하시고 품어 주시고 새롭게 하시며 힘 주시고 변화시켜 주심에 감사로 응답한다.

6. 끝으로 하나님의 현존(품) 안에서 편히 쉰다. 만일 그 말씀을 다시 음미하고 싶으면 그렇게 한다. 말씀이 필요하다고 생각될 때 그 말씀을 사용할 줄을 알아야 한다. 그러나 다시 필요 없다고 생각되면 그 말씀을 잊어버려도 좋다. 그리고 다만 하나님이 나와 함께 계심의 인지(깨달음) 속에서

기뻐할 줄 알아야 한다.

7. 때로는 성경 말씀을 몇 번이나 반복해서 읽고 또 읽으며 음미할 때도 있
다. 반면 성구의 단 한 단어로도 충분할 때가 있다. 성서 묵상을 잘하기
위해 말씀을 가지고 씨름을 하는 사람도 있는데, 그럴 필요가 전혀 없다.
성서 묵상은 어떤 규정된 내용이나 목표가 있는 것이 아니기 때문이다.
다만 말씀을 가지고 깊이 묵상/기도함으로 하나님의 현존(임재) 안에 거
하는 것 외에 다른 목적은 없다.

그룹 성서 묵상

1. 그룹(4~8명의 소그룹) 리더의 인도로 성경 말씀을 택하여 세 번을 읽는다.
매번 읽기를 마치면 잠깐 동안의 침묵의 시간을 갖는다.

2. 첫 번째 읽을 때는 주님이 그 말씀을 통해 나에게 무엇이라 말씀하시는지
를 가슴에 새기며 생각하는 시간이다. 각자 느끼고 깨닫고 체험한 바를
서로 나눈다.

3. 두 번째 읽을 때는 각자 주님이 자신에게 무엇이라 말씀하시는지를 듣고
경험하는 시간이다. 이 말씀을 통해 주님이 나에게 오늘 어떻게 살고 행
하라고 말씀하시는지를 생각한다.

4. 세 번째 봉독 시간은 나에게 어떻게 변화되고 어떤 존재가 되며, 오늘 그
리고 이 주간을 어떻게 행하며 살라고 주님이 말씀하시는지를 깨닫는 시

간이다. 그리고 잠깐의 침묵 후에 각자의 오른쪽에 있는 사람을 위해 기
도한다.

5. 끝으로 주기도문을 다 같이 천천히 암송한다.

관상기도 요령과 지침

* 시간은 20~30분, 길게는 1시간이 적당하고, 침묵 속에서 다음 순서로 진행한다.

묵상기도, 마음의 기도(향심기도), 관상기도의 목적은 하나님 안에서 영혼의 쉼을 얻고, 하나님의 임재(the presence of God)를 경험하는 것에 있다. 관상기도에 들어가기 전 성서 묵상(Lectio Divina)으로 준비하는 것이 바람직하다.

〈시작 부분〉

1. 편안한 자세로 앉는다. 눈을 지그시 감고 아래로 향한다. 목과 허리는 꼿꼿이 세우고, 팔과 손은 펴서 무릎 위에 가볍게 올려놓는다.
2. 몸과 마음의 긴장을 풀고, 심호흡을 천천히 길게 10회 이상 반복한다.
3. 예수기도(Jesus Prayer)를 여러 번/수십 번 반복한다.
   예: 주여, 이 죄인을 불쌍히 여기소서!
   예수님, 이 종에게 자비를 베푸소서!

하나님, 이 종에게 긍휼을 베푸소서!

4. 예수님의 십자가를 묵상하며, 자신의 모든 과오와 허물을 찾아내 회개하고, 용서의 은혜를 구한다.

5. 자신의 내면에 있는 모든 근심걱정과 무거운 짐을 내려놓고 비운다.

〈중심 부분〉하나님과의 깊은 교제와 만남의 시간

6. 마음속으로 다음과 같이 여러 번 반복하여 기도한다.

오 하나님, 주님은 오직 사랑이십니다, 사랑뿐이십니다, 사랑 자체이십니다.

오 사랑의 하나님, 내 영혼을 주님의 품에 품어 주소서!

오 하나님, 당신의 자비의 손으로 내 영혼을 어루만져 주소서!

오 주님, 당신의 사랑을 내 영혼에 부으소서, 부으소서!

오 진리의 성령이시여, 내 마음에 지금 임하소서!

오 하나님, 당신의 사랑과 평화로 내 영혼을 채우소서!

7. 모든 생각을 중지하고 깊은 침묵 속에 잠긴다.

〈끝 부분〉

8. 성삼위 하나님께서 내게 하시는 은밀한 말씀을 깨닫고 알아차린다.

9. 나와 함께 계시고, 새 힘과 새 비전을 주시는 임마누엘 하나님께 감사의 기도를 드린다.

10. 끝으로 주기도문을 천천히 암송한다.

(홀로 있을 때는 감사의 찬송을 부를 수 있다.)

주기도문의 영성

초판 1쇄 2008년 9월 16일

류기종 지음

발 행 인 | 신경하
편 집 인 | 김광덕

펴 낸 곳 | 도서출판 kmc
등록번호 | 제2-1607호
등록일자 | 1993년 9월 4일

(100-101) 서울특별시 중구 태평로1가 64-8 감리회관 16층
            (재)기독교대한감리회 출판국
대표전화 | 02-399-2008   팩스 | 02-399-4365
홈페이지 | http://www.kmcmall.co.kr
            http://www.kmc.or.kr
전자우편 | kmcpress@chol.com

값 9,000원

ISBN 978-89-8430-398-0   03230